*A Happy Challenge*

1호 여성 해양경찰의

# 행복한 도전

박경순 지음

지식공감

　시간은 눈 깜짝할 사이에 지나가 버렸다. 해양경찰 1호 여성 경찰관으로 임용되어 36년 2개월을 보내고 작년 6월 30일 퇴직을 했다. 아직도 푸른 제복을 입은 나의 모습과 푸른 바다가 꿈에 나타난다. 나는 여전히 해양경찰관으로 근무 중인 것 같다. 아니, 정확히 말하면 근무하고 싶다.

　얼마나 자랑스러워했던가! "감사합니다. 민원실 박 순경입니다." 언제나 나는 국민을 위해 일하는, 뼛속까지 해양경찰로 살았다. 얼마나 신났던가! 출근길에 늘 감사함과 보람으로 콧노래를 흥얼거렸다. 국민을 위해 봉사하는 해양경찰은 참으로 귀하고 값진 직업이었다.

　밖이 훤히 다 보이는 2층 카페에 앉아 지나간 시간을 되돌아 보니 한 가정의 아내로, 두 아이의 엄마로, 직장의 선배로, 후배로 살아온 날들이 주마등처럼 스쳐 지나간다. 그 속에는 나의 열정과 믿음, 스스로 나를 믿고 일어설 수 있는 회복탄력성, 해낼 수 있다는 자신감이 있었다. 늦더라도 언젠가는 목표한 것을 이루겠다는 끈기가 나에게 무기처럼 숨겨져 있었다.

지나온 길을 하나씩 되새기며 어렵고 힘들었던, 그러나 보석처럼 빛났던 시간을 소중하게 꺼내 보기로 했다. 이 책을 읽는 사람들에게 헛되지 않게 작은 발자국이라도 남겨서 나보다 더 나은 사람이 되었으면 하는 바람으로 첫 페이지를 연다.

『성공의 법칙』을 쓴 나폴레온 힐은 확신이 담긴 말은 성공을 끌어당기는 자석과 같다고 했다. 응원과 격려가 담긴 말은 성공에 대한 확신을 심어준다는 것이다. 어쩌면 나는 나폴레온 힐을 만나지 않은 그 시간에도 나에 대한 확신을 믿었다.

또한 그는 '순간의 좌절은 축복이 변장을 하고 다른 모습으로 우리에게 다가온 것일 뿐이다'라고 나를 위로해 주었다. 지나온 시간마다 실패와 아픔은 나를 더욱 성장하게 하는 힘이었음을 이제야 겨우 알았다.

잊지 않으려고 하나하나씩 짚어가며 글을 쓴다. 말도 할 수 없을 만큼 힘들었던 때도 있고 하늘로 날아갈 듯이 기쁜 날도 많았다.

조심스럽게 우리 시대에 필요로 하는 인재들과 그들의 조직 문화에 대해 생각할 시간을 펼쳐본다. 사람의 마음을 움직이는 마마 리더십으로 이 사회를 좀 더 따뜻하게 만들고 싶다. 돌아보니 힘들었어도 매 순간이 행복한 도전의 연속이었다. 그 도전으로 많은 것을 얻었다.

이 책을 읽은 뒤 자신의 변화관리를 다시 한번 더 들여다보고, 지속적으로 변화하고자 도전하는 사람이 있기를 기대한다. 길은 항상 열려 있고 우리가 원하는 방향으로 나 있을 것이라 확신한다.

2023년 6월
박경순

제1부

/

# 1호 여성 해양경찰관

# 민원실 박 순경입니다

인생의 다른 목차가 시작되었다. 내가 푸른 제복의 주인공이 된 것이다.

아버지는 여자가 무슨 경찰이냐며 마뜩잖아하셨지만 내심 대견해 하셨다. 1986년 그해 봄 또 다른 '첫'을 시작했다. 설렘 반 두려움 반으로 5월은 폭발할 것 같았다. 당시 해양경찰대(지금은 해양경찰청)는 인천 연안부두에 소재하고 있었다.

임용식은 해양경찰 대장님실에서 거행했는데 해양경찰 역사상 첫 여성 순경이 임용되는 날이라 해양경찰대장님을 비롯하여 경무국장님 등 여러 국장님께서 배석하여 임용을 축하해주셨다. 너무 긴장해서 복무선서를 어떻게 했는지, 그때 내가 제복을 입고 거수경례를 했을 때 손등의 각도가 얼마나 어색했는지 지금도 그 사진을 들여다보면 어설프기 그지없다. 그때 임용식 사진이 '해양경찰 소식지', '해양경찰 60년사' 등 여러 자료에 실렸다. 대한민국 최초의 여성 경찰관인 내가 살아가면서 몇 개나 최초를 만들며 경찰 생활을 해낼지 그때는 아무도 몰랐다. 어수선한 시국이었지만 5월은 어김없이 꽃 잔치였다. 나의 20대도 그렇게 꽃 피기 시작했다.

우리(그 당시 2명 임용)는 많은 이의 관심을 한 몸에 받았다. 첫 근무지는 해양경찰대 민원실이었다. 민원실은 현관 옆에 사면이 모두 유리창으로 되어 있는데 처음에는 직원들이 지나갈 적마다 벌떡벌떡 일어나 거수경례를 했다. 첫 월급 50여만 원을 받아 "아버지, 이 속에 내가 한 수만 번의 거수경례가 들어있어." 하면서 가족끼리 웃었던 기억이 지금도 생생하다.

민원실을 찾아오는 사람들에게 무엇이든지 그들이 필요한 것을 다 주겠다는 마음으로 근무를 했다. 바늘과 실, 우편엽서까지도 개인적으로 준비해 두었다. 민원실을 찾는 사람은 어려움이 있는 사람들이라는 것을 잘 알고 있기 때문이다. 사실 일반인은 경찰관서에 들어오는 것을 많이 꺼린다. 좋은 일로 오는 게 아니라 조사를 받거나 억울함을 하소연하기 위해 오는 이들이 많다. 남의 이야기를 잘 듣는 것도 민원을 해결하는 좋은 방법이라는 것을 이때 배웠다.

대화법에 대한 여러 가지 책이 많지만, 그중에서 핵심은 말하기가 아니라 듣기다. 민원실 근무를 통해서 나는 이 귀한 삶의 기술까지 얻게 되었다.

신임 순경으로 근무한 지 1여 년이 지난 어느 날 한 아주머니가 민원실에 오셨다.

"어떻게 오셨는지요?"

"우리 아들이 집을 나가 돌아오지 않아서 실종 신고를 하려고 왔어요."

아들이 조금 지능이 떨어져서 정확한 주소 등을 알지 못하고 경찰서에는 이미 실종신고를 했는데 아무 소식이 없어서 혹시 바다에 고기 잡는 어선을 타지 않았을까 하는 마음으로 해양경찰서를 찾아오셨다는 것이다. 인적사항 등을 자세히 파악한 후 아주머니를 안심시키고 집으로 돌아가시게 했다.

전국에 실종자 관련 사항을 공문으로 보내고 수소문한 끝에 아주머니 아들이 목포 근해에서 건강에 이상 없이 새우잡이 배를 타고 있음을 알아냈다. 나는 너무도 기쁜 나머지 늦은 시간에 아주머니께 연락을 드리고 아주머니는 드디어 목포에서 아들과 상봉하셨다.

그리고 며칠 후 아주머니께서는 아들을 데리고 다시 민원실에 찾아오셔서 내 두 손을 꼬옥 잡고 몇 번이고 고맙다고 인사를 하셨다. 그 후 아주머니께서는 제주도로 이사 가셨다며 매년 민원실로 안부를 묻는 전화를 해주시곤 했다. 하마터면 영영 못 만날 뻔한 아들을 우리의 노력으로 다시 찾게 되어 기뻐하시는 걸 보면서 경찰관으로서 보람이 이런 거구나 싶었다.

민원실 근무는 후배 여성 경찰관이 들어오기까지 13년 동안 계속되었다. 지금 생각하면 너무 오랫동안 한곳에서만 근무하지 않았나 아쉬움이 남는다. 그때만 해도 민원실에는 여성 경찰관이 근무해야 한다는 고정관념이 강했던 시절이었다. 덕분에 내 인생의 또 다른 목차, 연애도 결혼도 순탄하게 이루어졌으며, 딸, 아들 두 명을 비교적 수월하게 키울 수 있었다.

당시 민원실 주관으로 친절운동이 활발했는데 어딜 가나 친절상회, 친절사진관, 친절상담이라는 글자를 볼 때마다 남의 일 같지 않았다. 이처럼 '친절'이라는 말은 박 순경이라는 말 다음으로 내 인생에 깊숙이 들어온 시절이기도 했다. 때로는 신나게 때로는 피로에 지치기도 했지만 나는 날마다 앞으로 나아갔다.

먼 미래에 나는 어떤 사람이 되어 있을까 하는 생각은 없었다. 그저 하루하루 출근하여 임무에 최선을 다했다. 최초의 박 순경이 이제 누군가에게 최초의 아내가 되었고 두 아이에게는 최초의 엄마가 되었고 또다시 최초 여성 경찰 박 경장이 되었다. 그때 막 30대가 시작되었고, 직장생활도 가정생활도 안정을 찾아갔다. 삶은 축적이다. 내가 내디딘 한발 한발이 모여서 세월이 지나면 어떤 위대한 발걸음이 될지 아무도 모른다. 그냥 이 한발에 나를 털어 넣는 것이다.

날마다 정신없이 뛰어나갔던 나의 경찰 생활이 어디까지 축적이 될지 몰랐다. 이제는 제복과 내가 따로 놀았던 어색한 박 순경이 아니라 박경순은 떼려야 뗄 수 없는 박 경장과 동일인물이 되었다.

"감사합니다. 민원실 박 순경입니다." 36년 2개월이 훌쩍 지나갔다.

# 또 하나의 최초, 마마 리더십

옆구리에 출렁거리는 동해 바다를 끼고 7번 국도를 따라가면 울진해양경찰서가 나온다. 이곳은 울진읍 후포리의 작은 어촌 마을인데 대게잡이로 유명하다.

울진해양경찰서는 2017년에 개서한 해양경찰서로 남의 건물을 임대하여 쓰고 있었다. 여러 가지로 부대시설이 열악한 곳임을 단번에 알 수 있었다. 대회의실에서 취임식을 했는데 동해지방해경청장님께서 직접 울진해양경찰서에 내려오셔서 지휘관 마크를 달아 주고 관서기도 직접 전해주는 행사를 거행했다. 그래서인지 더욱 의미가 깊었다.

"민원실 박 순경입니다."로 시작해서 31년이 지난 지금 최초의 여성 해양경찰서장이 되어 이곳에 오게 된 것이다. 돌아보면 힘든 시간도 많았지만 감사할 게 너무 많아 어디든 절을 하고 싶었다. 또다시 처음 가보는 길이었지만 나는 지금까지 내가 걸어온 걸음을 믿었다. 그게 가장 든든한 힘이었다.

지휘관이 되면 사용하려고 프로필 사진도 미리 촬영하고 신문사에 배포할 프로필도 정리했다. 어떻게 쓸 것인가? 남의 프로필 쓴 것도 참고해서 경정 이후 약력을 요약해서 적었다. 비록 작은 일이지만 늘 메모하고 미리 준비하는 습관이 앞으로 내딛는 발걸음에 큰 역할을 했다.

무엇이든 '첫'이라는 접두어를 다는 자리는 자긍심도 있지만 그만큼 부담감도 컸다. 보수적인 경상도 지방에 경찰서장이 여자라니! 대놓고 어리둥절해 하는 사람도 많았고 조금이라도 행정상 구멍이 생기면 "그러면 그렇지 여자가 별수 있겠어?"라고 하는 말들이 따라붙을 것 같아 한시도 긴장을 늦출 수는 없었다.

경찰업무의 핵심은 첫째도 둘째도 생명 존중이다. 내가 근무하는 동안 어떤 사고라도 나서 한 사람의 생명도 잃어서는 안 된다는 생각이 강박처럼 따라다녔다. 자리가 올라갈수록 주어지는 책임감이 말도 못 할 정도였다. 남들이 보기엔 편안해 보였을지 모르지만 나는 물속에서 끊임없이 물갈퀴를 움직이는 백조였다.

내가 최초의 여성 해양경찰서장으로서 구현한 것은 마마 리더십이었다. 취임식을 끝내고 5층부터 사무실을 돌며 직원들과 일일이 악수하면서 첫인사를 나눴다. 무엇보다도 관내를 파악하는 일이 급선무었다. 울진해양경찰서 관내에는 죽변파출소, 후포파출소, 축산파출소, 강구파출소 4개의 파출소가 있다. 동해안은 사계절 내내 관광객도 꾸준하게 다녀가는 편이라 치안 요소가 많았다. 내가 제일 먼저 한 일은 4개의 파출소 초도 방문이었다. 우리 파출소 직원들의 구조 역량 수준이 궁금했다. 그래서 불시 구조훈련을 실시하면서 파출소를 방문했다. 다행히 4개 파출소 모두 평시 인명구조 훈련을 열심히 한 모습이 보였다.

파출소는 3개 조로 근무조를 나누어 파출소 업무 공백이 없도록 하고 있었다. 이제부터 3개 조 모든 직원을 만나 그들의 이름을 불러주고 격려해주는 것을 목표로 했다. 파출소 직원 근무표를 코팅해서 만난 직원은 ×표시를 해가며 파출소를 방문했다. 경비함정에 가서도 직원들 이름을 꼭 확인하며 이름을 불러주었다. 단 한 명도 소외되는 직원이 없도록 하는 것이 내 리더십의 목표이다.

워렌 베니스는 "리더십의 핵심은 품성이다. 하버드 대학의 연구 결과에 따르면, 리더들의 성과 중 85%는 리더 자신의 개인적인 성품에 달려있다고 한다"고 했다. 나는 이 말을 믿었다. 겉으로 표현은 하지 않았지만, 어린아이가 있는 여성 경찰관은 특히 신경을 써서 눈여겨보았다. 3교대를 하려면 야간 근무가 많은데 육아를 하면서 겪는 어려움을 내가 잘 알고 있기 때문이다. 그렇다고 내가 어떻게 해줄 수 있는 부분은 많지 않았지만 따뜻하게 그들을 격려하며 애로사항을 듣는 일이 내 몫이다. 리더와 상사의 차이는 여러 가지 차이가 있지만, 상사는 사람을 장악하려 하고 리더는 상황을 장악하려 하고, 상사는 문제가 생기면 책임을 회피하고 리더는 책임을 자처한다는 말을 늘 상기했다.

2019년 3월 24일 영덕군 축산면 북방파제 해상에서 다이버 4명이 물속에 들어간 지 1시간이 지나도록 나오지 않는다는 신고가 들어왔다. 이런 사고는 대부분 사망 사고로 이어지기 때문에 시간과의 싸움이다. 경비함정과 해양경찰 구조대, 파출소 인명구조정 등이 현지에 신속하게 출동하여 해상에서 부표를 잡고 표류하고 있는 다이버 4명을 구조했다. 하마터면 4명의 귀중한 생명을 잃는 대형사고가 날 뻔했지만, 울진구조대원들과 경비함정이 신속하게 사고현장에서 익수자를 찾아냈다. 저체온증 예방을 위해 담요도 덮어주고 119를 대기시켜 안전하게 조치하여 귀중한 인명을 구조했다.

2019년 3월 12일 오후 영덕군 노물리 방파제 북쪽 약 50m 떨어진 바다에서 해산물을 채취하던 해녀 어르신의 실종 신고를 받았다. 그분은 이날 아침 8시쯤 톳을 채취하러 물에 들어

갔고 평소 같으면 12시쯤 귀가하시는데 집에 오시지 않아 이를 이상히 여겨 해양경찰에 신고한 것이다.

바람이 심하게 불고 파도가 높아 작전을 수행하기가 매우 어려웠지만, 경비함정, 연안구조정 등 7척과 헬기, 경찰과 군인 등의 협조를 받아 현장을 세밀하게 수색했다. 실종자 아드님은 오히려 무리하지 말라고 해양경찰 구조대를 걱정하기도 하셨다. 나는 현장에 가 아드님의 손을 꼭 잡고 우리가 꼭 어머님을 찾아드리겠다고 정성을 다해 위로를 해 드리며 우리의 수색 작전을 자세하게 설명해 드렸다.

우리는 가족을 찾는 마음으로 방파제뿐만 아니라 인근 바다에 입수하여 구석구석 수색을 했으며 바다에도 경비함정은 물론 어선들을 동원해 수색했다. 그러나 아쉽게도 실종자를 찾지 못했다. 이런 순간이 가장 가슴이 아프다. 그리고 여러 달 후에 독도 부근에서 실종자가 발견되어 가족의 품에 안겨 드렸다.

바다에서 사고는 정확하게 사고 지점을 찾는 일과 인근 어선이나 바다 가족의 협력이 무엇보다도 중요하다. 우리 해양경찰이 도움을 요청하면 생업을 포기하고 인근 해역까지 와서 실종자 수색도 해주는 어민이나 민간해양구조대원에게도 늘 따뜻하게 감사함을 전했다. '바다에서 어려운 일이 있을 때 제일 먼저 찾는 경찰관서가 되어야지.' 나는 머리에서부터 발끝까지 해양경찰이었다.

　리더란 혼자서 할 수 있는 역할이 아니다. 따뜻함으로 조직 구석구석까지 잘 데워주는 리더야말로 제대로 작동하고 있는 보일러와 같다. 그 첫걸음이 관내 근무하고 있는 직원들의 이름과 얼굴을 익히는 것이었다. 특히 어려움이 있는 직원들 가까이서 그들의 고민을 함께 나눌 수 있는 리더가 되기 위해 애썼다. 이런 게 마마 리더십의 본질이 아닐까?

　사람 사는 곳에는 사건 사고가 안 생길 수가 없다. 그 상황에 최선을 다하는 것은 언제나 현장에서 일하는 직원들이다. 그들이 있어 나의 최초 여성해양경찰서장이라는 자리도 빛이 났다. 그리고 이렇게 지방에서 근무하니 오랜만에 그리움이라는 단어를 곱씹으며 결혼 30년 차 부부는 신선해졌다. 한 가정에서 엄마의 자리도 중요하지만, 나는 어쩌면 엄마라는 벗어날 수 없는 타이틀보다 제복을 입은 경찰로서의 박경순이 훨씬 어울렸음을 이 자리에서 고백한다.

# 포기하지 않은 6개월

무슨 일이든지 간절했던 시기에 나는 꿈에 그리던 '합격'을 했다. 경찰 시험 면접 때 "왜 경찰이 되려고 하는가?"라는 질문에 "국가와 국민을 위해 봉사하는 일을 하고 싶어서 지원했습니다." 라고 대답했다. 정말 국민을 위해 일하고 싶었다. 해양경찰이 된 것은 내 삶에 있어서 가장 커다란 행운이었다. 제복을 유난히 좋아했던 것과 공무원이 되고 싶다는 희망이 잘 맞아떨어졌다.

당시 해양경찰대에서는 여성 경찰관 2명을 경기도경찰국에 의뢰해서 채용했는데 신체검사, 필기시험, 면접을 거쳐 최종 합격했다. 내가 합격할 줄은 정말 몰랐다. 행운의 여신은 그때부터 나의 길을 인도했던 것이다. 합격자 발표 순간 얼마나 떨었는지 모른다. 이번이 마지막이라 생각하고 죽어라 공부했던 시간들이 스쳐 지나갔다. 몇 번의 일반직 공무원 시험에 떨어진 뒤라 그 두려움이 더했다.

지금은 필기시험 합격자에 한해 적성검사, 신체검사, 체력검사, 서류전형, 면접 등의 절차가 진행된다. 내가 채용될 당시에는 수영 시험이 없었는데 지금은 수영이 필수다. 남자는 50m를 130초, 여자는 150초 이내로 들어와야 한다. 체력검사에는 100m 달리기, 윗몸 일으키기, 팔굽혀펴기, 좌우 악력이 있다. 그리고 교육훈련기관에서 일정 기간(기간은 좀 유동적인데 보통 26주~52주) 동안 교육훈련을 마쳐야 비로소 '순경'으로 임용될 수 있으니 한 명의 경찰관이 탄생하기까지 얼마나 귀한 노력과 시간을 투자하는지 알 수 있다. 길거리에서 흔히 마주치는 순경 계급장을 단 경찰관을 보면 그저 대견스럽다.

1985년 8월 중순 드디어 부평에 있는 경찰종합학교에 입교했다. 해양경찰 2명을 비롯해서 서울특별시, 강원도, 경상도, 전라도, 제주도 등 각 지방에서 합격한 제135기 125명 교육생이 모였다. 그들에게 6개월의 긴 훈련과 교육이 기다리고 있었다. 미리 이야기를 들은지라 어깨까지 길렀던 파마머리를 짧게 자르고 갔는데 머리를 자르지 않은 교육생은 입교 첫날 미용사가 와서 다 똑같이 단발머리로 잘라 주었다.

학생장을 선출하는데 ○○○ 언니가 번쩍 손을 들었다. 경찰관 하려면 저 정도의 패기는 있어야겠구나 하는 생각이 들었다. ○○○ 언니는 모든 면에서 본받을 것이 많은 멋진 동기였다. 이후에 나는 제7생활실 실장이 되어 점호하는 등 6개월 동안 많은 추억을 만들었다.

첫 번째 일정으로 기동복을 입고 제식훈련에 들어갔다. 키가 좀 작은지라 기동복 바지와 소매는 두어 번 접어서 입었는데 영 폼이 나지 않았다. 뜨거운 햇볕 아래에서 두 팔을 어깨높이로 올리며 큰 보폭으로 앞으로 가, 뒤로 돌아가, 좌향 앞으로 가, 우향 앞으로 가 등 정신없는 제식훈련은 무척 힘이 들었다. 빨간색 모자를 쓴 훈련 교관이 저승사자처럼 보여서 집에 돌아가고 싶은 생각이 밤마다 간절했지만, 어금니를 꾹 깨물고 그 힘든 시간을 이겨냈다.

여기까지 오느라 얼마나 어렵고 힘들었는데 여기서 말 수는 없었다. 절대 포기하지 않고 훈련을 잘 견뎌내리라. 훈련 교관의 빨간 모자가 멀리서 보여도 슬그머니 돌아갈 정도로 싫었다. 양손을 바지 봉제선에 맞추고 턱을 당기고 똑바로 앞을 바라보는 차렷 자세 하나만으로도 힘들었다. 만만히 볼 것이 아닌 훈련이었다. 속으로 '이 훈련을 잘 견뎌야 한다.'라고 얼마나 스스로를 달래며 다짐했던가? 그렇게 제식훈련만 꼬박 일주일을 받고 나니 좀 수월한 형법, 형사소송법 등 학과 공부를 할 수 있어서 숨통이 트였다.

하루 일과가 시작되었다. 아침 9시부터 저녁 6시까지 학과 공부, 무도, 체력단련 등으로 이루어지고 8시까지 자율학습, 9시까지 청소 등 일과 정리를 하고 9시에 점호를 받고 잠자리에 들었다. 제일 긴장되는 순간은 점호가 있는 9시였다. 생활실장이 각 생활실 앞에 서서 대기하다가 지도교관이 오면 보고를 했다.

"총원 차렷!

제7생활실 인원보고!

총원 9명, 사고 없음, 현재원 9명, 번호!"

그러면 생활실원이 생활실 안에서 차례로 번호를 외쳤다.

"하나, 둘, 셋, 넷, 다섯, 여섯, 일곱, 여덟, 아홉 번호 끝!"

처음에는 너무 떨리고 긴장되어서 몇 번을 틀렸는지 모른다.

"생활실장이 그렇게 목소리가 작아서 어떻게 생활실원들이 따라가겠나! 다시!"

나 때문에 점호를 몇 번이고 다시 하니 생활실원들에게 미안했다. 목소리에 잔뜩 힘을 주고 여러 번 반복한 뒤에야 통과하고 나면 생활실 청소상태로 지적받기도 부지기수였다. 불침번을 서고 다음 당번 차례인 동기를 분명히 깨우고 잤는데 동기가 일어나지 않아 혼이 나기도 했던 일도 즐거운 추억이 되었다. 늦은 저녁이나 새벽 등 불시에 실시하는 훈련은 여경 동기 모두를 힘들게 했지만 우리는 그만큼 단련되고 강인한 경찰관으로 성장했다. 그때 우리를 지도했던 교관님은 꾸준히 연락하며 지방 근무할 때도 초대하여 식사도 하는 좋은 선·후배 사이가 되었다.

6개월 동안 검도 1단 자격증도 취득하고 M16 총도 쏘고 각종 법을 공부하여 경찰관의 기본 소양을 갖추어갔다. 졸업하기 전날 강당에 전부 모여서 생활실별로 장기자랑도 하며 그간의 노고를 스스로 위로하며 잊지 못할 밤을 보냈다. 1986년 2월에 졸업했지만 아쉽게도 곧바로 임용되지 못하고 3개월 후인 5월 1일 자로 임용되었다.

당시 경찰종합학교는 신임 순경 교육뿐만 아니라 재직자 교육도 같이하고 있던 때라 해양경찰대 수사 교육이나 기본교육을 들어온 해양경찰 선배님들이 계셨다. ○○○ 선배님을 비롯한 많은 분이 해양경찰 순경 교육받는 우리 2명을 찾아오셔서 맛있는 순댓국도 사주고 선물을 주시는 등 우리는 다른 교육생의 부러움의 대상이 되었다. 퇴직하신 ○○○ 선배님은 지금도 여전히 우리의 후원자가 되어 늘 용기와 격려를 해주고 계시다.

이 모든 일이 어제 일어난 일처럼 생생하다. 나도 그 선배님을 본받아 매년 여성 경찰관이 교육을 들어올 때마다 경찰종합학교에 찾아가 피자도 사주고 저녁도 사주는 선배가 되었다. 학과 출장을 하면서 불렀던 '박 순경' 노래가 귀에 쟁쟁하다. 나를 위한 노래가 있다니….

# '최초'라는 책임감의 무게

경찰 생활한 지 3년 10개월 만에 어깨에 무궁화 꽃잎 하나가
더 늘었다. 경장으로 진급하니 어깨가 제법 무거워졌다. 진급할
때 느끼는 기분이 이런 것이구나….

경사 때까지 승진시험을 볼 수가 없었다. 여성 경찰관 2명은
일반 직별이라 시험을 볼 기회조차 없었다. 13년이 지난 후에
30명의 여성 경찰관 후배들이 생기고 나서 인사 규정을 개정하
여 시험을 볼 수 있게 개선되었다. 그 당시 왜 좀 더 일찍 규정
을 고쳐 달라고 하지 않았을까 하는 생각이 든다. 경장, 경사
는 심사로 진급하고 경위는 승진시험을 봐서 진급했다. 진급할
때마다 신문에는 해양경찰 최초의 여성 경위, 경감, 경정, 총경
이 탄생했다고 보도가 되었다. 경위는 두 번의 실패 끝에 합격
했다.

남편이 올 때까지 내가 아이들을 돌보다가 남편이 퇴근하고
오면 나는 곧장 집 근처 독서실로 향했다. 직장생활과 가사, 아

이들 학업을 돌봐주면서 승진 공부를 하기란 쉽지 않았지만 그래도 희망의 끈을 놓지 않고 공부했다. 그러나 첫해 떨어지고 두 번째 도전에도 떨어지고 나니 맥이 빠져서 어찌할 줄을 몰랐다. 두 번째 낙방하고 난 다음 날 다시 책을 챙겨서 독서실로 가는 데 그때 가장 힘이 되어준 것은 남편과 두 아이였다.

"당신은 충분히 능력이 되어요. 내년에는 꼭 될 거예요."
"집안일은 내가 다 알아서 할 테니 당신은 직장과 승진 공부에 전념해요."
"엄마, 힘내세요. 저희들 걱정은 하지 마세요."

그렇게 위로해 주는 남편과 두 아이가 무척 고마웠다. 욕심 많은 엄마 때문에 보살핌도 제대로 받지 못하는 아이들에게 미안함을 느꼈다. 두꺼운 형법 책을 다시 펼친다는 것은 나에게 고통이었다. 까맣게 밑줄 친 법 조항을 형광펜으로 표시하고 내용을 또다시 노트에다 적으며 처음부터 다시 공부를 시작했다. 내 공부 스타일은 문제 풀이보다는 기본서를 충실히 보는 것이다. 온통 '지금 하지 않으면 나는 이다음 이 순간을 후회할지도 모른다.'는 생각뿐이었다.

나는 나를 믿었다. 그동안 내가 목표한 것을 이루지 못한 것은 거의 없었다. 그것들은 당장 이루어지지 않더라도 몇 년 뒤에는 이루어지는 마법 같은 힘을 갖고 있었다. 그것은 나 스스로 해낼 수 있다고 격려하고 나를 믿어주는 결과라고 생각한다.

세 번째 시험은 더욱 꼼꼼하게 기본서를 보고 모의고사까지 풀면서 준비했다. 합격자 발표날 연락이 너무 늦게 와서 또 떨어진 줄 알고 속이 까맣게 타들어 갔는데 오후 3시쯤 되자 합격했다는 전화가 왔다. 하늘로 날아갈 것 같았다. 그동안 제대로 신경 써주지 못한 가족에게 제일 미안하고 고마운 마음이 들었다. 얼마나 간절하게 꿈꿨던 합격인가!

최초의 여성 경찰관(이하 여경) 간부 경위가 탄생했다고 다들 기뻐했다. 신문에도 여기저기 나의 승진 소식이 실리니 어깨가 으쓱해졌다. 그리고 전국 해양경찰서 중 최초로 여성 경리계장 업무를 맡았다. 당시 경리계장은 서장을 보좌해서 일을 많이 하던 시기라 여성이 경리계장을 잘할까 하는 우려를 많이 했지만 나는 당당하게 업무를 잘 해냈고 다음에는 수상레저계장 업무도 잘 마쳤다.

자동차를 운전하려면 운전면허증이 있어야 하듯, 수상오토바이, 모터보트 등 5마력 이상의 동력수상레저기구를 조종하려면 동력수상레저기구조종면허를 취득해야 한다. 인천해양경찰서 수상레저계는 서울과 가평에 수상레저면허 시험장 2곳에 대해 관리·감독을 한다. 1박 2일 출장도 잦았지만 아무 문제 없

이 업무를 수행했다. 수상레저계 업무는 보람뿐 아니라 재미도
있었다.

  "수상레저시험이 무슨 고시라도 된다는 말이에요? 그깟
  5분 늦었다고 시험을 못 보게 해요? 국가를 상대로 행정
  소송을 내야겠어요."
  "선생님, 죄송합니다. 시험지가 배부된 후에는 입실이 불
  가능합니다. 다음 기회에 응시하시기 바랍니다."

  수상레저계장 발령을 받아 처음으로 필기시험을 진행하던 날
5분 늦게 온 응시생이 시험을 못 보게 하자 거세게 항의했다.
수상레저 조종면허 시험은 10시 30분에 시작되는데 10시 35
분에 도착한 응시생이 그날 시험이 종료될 때까지 우리의 마음
을 불편하게 했다. 그러나 시험지가 배부된 이후에는 입실이 불
가능한 것이 규정이라 인정에 끌려서는 안 되는 것이 사실이다.
마음이 아팠지만 우리는 결국 그를 그대로 돌려보냈다.
  그 응시생은 일주일 후 실시한 다음 회차 시험 때 일찍 와서
필기시험에 공교롭게도 최고점을 받아 나에게 장미 한 송이를
선물로 받았다. 지난번 우리 속을 까맣게 태운 것을 생각하면
아는 척도 하고 싶지 않았지만, 우리는 국민의 공복 아닌가? 국
민이 감동할 때까지 정성을 다하는 것이 우리의 임무이다.

이렇듯 경위가 되면서 계장 보직을 받아 업무를 해보니 내가 걷고 있는 길은 결코 나 혼자 가는 게 아니라 후배 여경이 따라 오는 길임을 알았다. 내가 무리 없이 보직을 잘 수행해야 한다 는 책임감이 들었다.

답설야중거 (踏雪野中去)
눈 내린 들판을 걸어갈 제
불수호란행 (不須胡亂行)
발걸음을 함부로 어지러이 걷지 마라.
금일아행적 (今日我行跡)
오늘 내가 걸어간 발자국은
수작후인정 (遂作後人程)
반드시 뒷사람의 이정표가 되리니.

서산대사의 시구(詩句)를 되뇌며 하얀 눈이 내린 길에 내가 발자 국을 남기며 걸어가고 있으며 내 후배들이 그 발자국을 따라오고 있음을 항상 잊지 않고 행동했다. 처음 고정관념을 깨는 일은 어 렵지만, 그 사람 다음은 매우 쉽다는 것을 입증할 수 있었다.

수상레저계장 근무 도중 경찰종합학교에 3개월간 파견발령이 났다. 해양경찰청에서는 여경 교육을 부평 경찰종합학교에 위 탁해서 실시하고 있는데 당시 중국어 특채 등 여경이 40명이 넘어 해양경찰청 여경이 지도 교관으로 가야 한다는 것이었다. 3개월 동안 지도 교관으로 파견되어 후배 경찰관을 양성하게 되었다.

1985년 신임 순경 교육받던 기억도 떠오르고 감회가 깊었다. 한 명의 경찰관을 양성한다는 것을 남들은 쉽게 생각할지 모르나 많은 공을 들여서 경찰관이 탄생하는 것이다. 3개월 동안 나는 무척 엄한 교관이 되어서 신임 순경 교육과 훈련을 실시했다. 아마 그때 나한테 지도받은 후배 경찰관은 나를 무척 독하다고 생각할 것이다. 나도 실제로 빨간색 지도 교관 모자만 보아도 싫어하지 않았던가. 신임 순경을 올바르게 지도해야 평생 바른 경찰관이 될 수 있다는 내 작은 신념이 있어서였다. 그 생각은 지금도 변함이 없다.


총경으로 진급할 때 제일 집중을 많이 받은 것 같다. TV, 신문 등 인터뷰도 많이 하고 신문 기사도 많이 났다. 내가 동아일보와 인터뷰 시 기자분께 남편 박종환 씨의 이야기를 꼭 써달라고 부탁한 적이 있다. 돌이켜보면 내가 '최초'라는 이름으로 업무를 잘 수행할 수 있었던 것은 온전히 직장에 전념할 수 있도록 남편이 외조를 잘해주었기 때문이다. 98% 남편의 도움과 2%의 내 노력의 결과였음을 알리고 싶었고 기사는 그렇게 나왔다. 그 이후에도 늘 입버릇처럼 남편에게 감사하다는 말을 하고 있다.

# 레펠 훈련을 받는 강한 서장

동해의 푸른 바다는 손을 담그면 파란 물이 들 것처럼 새파랗다. 바다를 쳐다보기만 해도 가슴이 뻥 뚫린다. 오늘은 특별한 날이다. 동해지방해양경찰청 소속 일선 지휘관(지방해양경찰청장, 서장 등) 구조 현장 체험 및 훈련이 있다.

동해지방해양경찰청 해양경찰 특공대가 있는 삼척으로 향했다. 일선에서 각종 해양사고를 지휘하는 지방해양경찰청장, 서장 등이 현장에서 고난도 구조 활동을 벌이는 구조대원들의 어려움과 현장 상황을 보다 심도 있게 이해하고 구조 역량과 구조 마인드를 높이기 위한 현장 체험 워크숍에 참여했다. 현장의 주된 구조활동인 잠수구조, 헬기 호이스트구조, 해상구조(바다 수영)가 주된 훈련이다.

동해지방해양경찰청에는 속초, 동해, 울진, 포항 이렇게 4개의 해양경찰서가 있다. 삼척에 있는 특공대에는 몇 번 가 본 적은 있지만 이렇게 훈련을 받기 위해 올 줄은 생각지도 못했다. 마음속으로 잘할 수 있을 거라 스스로 주문을 외웠다. 11m 높이 레펠 훈련장에 올라가 아래를 내려다보니 까마득했다. 지상에는 훈련에 참여한 직원들이 모두 고개를 젖히고 나만 바라보고 있었다.

'여기서 벌벌 떨 수는 없지! 까짓것 죽기야 하겠어!'

나는 의외로 상황이 최악일 때 더 용감해진다. 특공대 교관이 가르쳐 준 대로 하네스 장비를 단단히 매고 밧줄을 잡고 뛰어내리면서 두 손으로 살살 풀면서 내려와 착지했는데 다들 손뼉을 치며 응원해주었다.


'어라, 별것 아니네.'

"박경순 울진서장님은 너무 잘하셔서 한 번 더 하셔야 됩니다."


내심 뿌듯했다. 다시 레펠장 계단을 올라가면서 이번에는 좀 더 멋지게 내려오리라 마음먹었다. 손바닥도 생각보다 아프지 않고 착지도 잘했다. 두 번째 레펠 훈련도 성공이다.

바다 수영은 울진 바다에서 연습해서 걱정은 덜 되었다. 내가 해양경찰에 들어올 당시에는 수영 시험이 없었다. 결혼하고 얼마 되지 않아 시댁 식구끼리 영월에 있는 계곡에 놀러 갔다가 물에 빠져 죽을 뻔한 경험이 있어 수영을 배울 생각은 하지 않았었다. 그러나 명색이 해양경찰인데 수영을 못하는 것은 아닌 듯싶어 동해지방해양경찰청에서 근무할 때 수영을 배웠다. 동해시에 수영장이 하나 있었지만 아는 직원들이 많이 다닌다는 소식을 듣고 좀 멀더라도 삼척에 있는 수영장 새벽반에 등록했다. 단체 강습은 수강생이 많아서 세심한 지도를 받기가 어려웠다.

"저를 유치원생으로 생각하시고 아주 작은 것부터 차근차근 지도를 부탁드립니다."
"걱정하지 마세요. 충분히 해내실 수 있어요. 저를 믿고 제가 하라는 대로 하시고 연습을 많이 하시면 잘하실 수 있습니다."

얼굴을 물속에 넣기조차 힘들었던 첫날이 기억난다. 물에 대한 공포는 의외로 심했다. 가슴이 벌렁거리고 죽을 것만 같았다. 수영선수 출신 여성 수영강사를 소개받아 매주 수요일마다 수영장에서 개인 강습을 받았다. 월요일부터 금요일까지 새벽 6시에 삼척시로 가서 단체 강습을 받고 수요일 저녁에는 개인 강습을 받으니 차츰 물에 대한 두려움도 없어졌다. 늘 강조하던 힘을 빼라는 말은 좀처럼 되지 않았다.

"익숙해지면 아무것도 아니다."란 말을 종종 떠올리곤 한다.

인간은 경험하지 않은 것에 대해 무한한 두려움을 느낀다. 처음은 누구에게나 두렵다. 그러나 한 번 해보고 두 번 해보고 자꾸 익숙해지면 아주 잘하는 자신을 발견할 것이다. 두 번의 서장을 하면서 그런 것을 많이 경험했다.

"서장님, 바다 수영도 똑같아요. 수영장에서 한 것처럼 하면 됩니다." 처음에는 좀 얕은 바닷가에서 수경을 끼고 오리발을 차고 연습하다가 30m가 넘는 바다로 나가 수영 연습을 했다. 수심이 30m라는 생각에 두려움도 느꼈지만 꾹 참고 이겨냈다. '죽기 아니면 까무러치기다.'라는 생각으로 도전하니 모든 것을 이룰 수 있었다.


만약 이런 과정을 거치지 않았더라면 지휘관 워크숍에서 울진서장인 나만 바다 수영을 못했다고 소문이 났을 것이다. 준비하는 자에게는 당해낼 것이 아무것도 없다. 잠수 구조도 이미 오픈 워터 스쿠버 자격증을 딴 뒤라 당당하게 해냈다. 잠수 구조는 매우 섬세하며 많은 위험이 도사리고 있다. 뒤집힌 선박 안은 깜깜하고 그물이 엉켜져 있어 구조하러 간 사람조차 위험한 상황이라 그 안으로 들어가기란 정말 어렵다. 내가 막상 잠수를 해보니 그 어려움을 실감할 수 있었다. 이로 인해 수십 미터 바다 아래로 내려가 더듬거리며 선박 안에서 귀중한 생명을 구조하는 구조대원을 더욱 더 아끼게 되는 계기가 되었다.

워크숍에 참석해서 바다 수영도 하고 바다 한가운데에서 헬기 호이스트 훈련(이 훈련은 바람이 너무 세게 불어서 중간에 중지했다)도 실시했다. 많은 시간은 아니지만 해양에서의 구조 활동을 직접 체험함으로써 현장의 어려움을 다시 한번 느끼게 되었다. 현장 직원들과 마음을 나눌 수 있고, 구조 안전 중심으로 조직을 개선하여 전문성을 가진 강인한 해양경찰이 되도록 노력해야겠다는 생각도 더욱 강해졌다.

지휘관은 모든 것을 알아야 하고 알 수 있도록 노력해야 한다는 것도 깨닫는 좋은 기회였다. 또한 진정한 리더는 무슨 일이든 솔선해야 하고 구성원들과의 신뢰를 바탕으로 배려와 애정을 가져야 한다는 평범한 진리도 되새겨 보았다. 지금도 추운 바다에 뛰어 들어가 익수자를 구조하는 해양경찰의 안전을 기원한다.

# 선임자의 눈빛은 나의 길라잡이다

“박 경장! 계장님이 찾으시니 올라와 봐.”

민원실로 전화가 왔다.

‘무슨 일이지? 내가 뭐 잘못한 일이 있나?’

3층으로 올라가는 내내 마음이 불안하다. 아무리 생각해도 특별히 잘못한 일이 없는 것 같다.

“박 경장! 박 경장 집이 그렇게 부자예요? 그 넓은 민원실에 에어컨을 혼자 틀고 있으면 되겠어요?”

아차! 혼자 있을 때는 에어컨을 켜지 말아야 하는데 깜박 잊은 것이다.

“얼른 내려가서 끄겠습니다. 앞으로 주의하겠습니다.”

뛰다시피 민원실로 내려와서 에어컨 전원을 껐다. 민원실에는 민원인을 위한 개별 에어컨이 설치되어 있는데 가끔 직원들이 민원실에 와서 더위를 식힌 후 가곤 했다. 민원인이 오셨을 때도 좀 더 쾌적한 사무실에서 기다리게 하기 위해 나는 적절하게 전원을 켰다 끄기를 반복했다.

'그래, 아예 끄고 살자. 석유 한 방울도 나지 않는 나라에서 전력을 낭비하면 안 되고말고.'

그 이후 어두컴컴하게 형광등을 끄고 지냈으며 더워도 잘 참고 지냈다. 그때 계장님 덕분에 나는 에너지 절약이 몸에 뱄다. 환하게 형광등을 켜고 있으면 왠지 죄를 짓는 기분이 들었다. 사무실이나 집에서도 꼭 필요한 전등이 아니면 좀 어둡더라도 그냥 지내는 것이 마음 편했다.

문서를 기안하면 불려 올라가 왜 이런 사항을 넣었느냐는 등 지적을 많이 받았다. 계장님이 호출한다고 전화라도 오면 민원실에서 3층으로 올라갈 때까지 가슴이 쿵쿵 뛰었다. 별별 생각이 다 들었다.

"경장이 낮은 계급이 아니에요. 예전 같으면 한 고을의 원님이라고요. 볼펜으로 점 하나 찍을 때도 신중하게 생각해야 합니다. 기안 일자 하나 소홀히 하면 안 돼요. 수정할 때는 반드시 두 줄로 긋고…."

왜 그리 혼이 많이 났는지 우울해하며 저녁마다 사표를 쓸까 고민도 많이 했다. 그럴 때마다 나 자신을 꾸짖었다.

'겨우 이러려고 여기까지 힘든 길을 왔니? 잘 견디자. 길어봤
자 2년이야. 더 힘든 일도 잘 견뎠잖아.'

그 긴 2년 여를 용케도 잘 견뎠다. 만약 그때 사표를 썼더라
면 얼마나 후회했을까? 공문을 기안하거나 민원서류를 결재받
으러 갈 때는 최소한 열 번 이상 더 읽어보고 무슨 질문을 하시
면 어떻게 대답할지 예행연습을 하고 계장님한테 가곤 했다. 돌
이켜 보면 그렇게 나를 담금질했기 때문에 오늘의 내가 있지 않
았나 싶다. 그 순간은 무척 힘들었지만, 지금 생각하면 그때를
항상 감사하게 생각한다.


그 이후 내가 계장이 되고, 과장이 되고, 서장이 되었을 때도
부하 직원들에게 그런 두려움의 대상이 되지 않으려고 노력했
다. 보고서에 오타가 나오면 아무 말 하지 않고 고쳐주고 직원
들이 미처 생각하지 못한 것은 내가 첨삭도 해주며 절대로 화
를 내지 않으려고 노력했다.

살다 보면 많은 사람을 만날 것이다. 우리가 상대를 선택해서
만날 수는 없다. '이 또한 지나가리라.'라는 말을 나는 믿는다.
이 말은 직장생활뿐 아니라 살면서 힘들고 어려울 때 많은 위안
이 되었다. 지금은 금방이라도 힘들어서 죽을 것 같지만 시간이
지나고 나면 그것을 잘 참고 견디어 많이 성숙하고 강해진 자
신을 발견하게 될 것이다. 두 번 만나 다시 근무할 확률이 그리

높지 않다. 같이 근무하는 동안 많이 배울 수 있는 좋은 기회라 생각하고 배우는 자세로 참고 견디면 더욱 발전하는 자신을 발견할 것이다.

자신이 베풀 수 있는 시간은 그리 많지 않다. 좀 더 따뜻하게, 후배들을 아끼는 마음으로 베풀면서 지낸 것이 다행이라는 생각이 든다. 그것은 평생 재산으로 나에게 다시 돌아온다. '위기는 기회다.' 나를 잘 단련시킬 수 있는 시간임을 명심하고 잘 이겨내는 것이 승리하는 것이다. 그리고 사무실을 노크하는 부하 직원에게 가슴이 떨리지 않는 선배가 되길 바란다.

# 놀랍고 반가운 문자 메시지

점심시간에 문자 메시지 하나를 받았다.

"안녕하십니까?
2018년도에 동해시 종합운동장에서 100m를 뛰다
넘어져 팔이 부러졌던 순경 ○○○입니다.
그때 제 손을 잡고 안타까워하시며
꼭 해경으로 다시 들어오라고 해주셨던 그 따뜻한
말씀을 잊지 않고 노력해서 해양경찰이 되었습니다.
지금 함정 생활하고 있습니다.
너무 감사드리고 평생 잊지 못할 것 같습니다.
다시 한번 감사드립니다."

나는 반가운 마음으로 답장을 보냈다.

"○○○ 순경~

진심으로 해양경찰 순경으로 임용되신 것 축하드려요.

그때 팔이 부러져서 정말 가슴이 아팠어요.

얼마나 힘들게 그곳까지 왔겠어요?

언제 임용되었는지,

지금 어디에서 근무하는지 궁금하네요.


그 마음으로 근무하면 어떤 어려움도 잘

이겨내리라 믿습니다.

오늘 정말 기분 좋은 문자를 받았는데

참 보람이 있네요.

모쪼록 함정 근무 조심하고

멋진 해양경찰관이 되길 응원하겠습니다."


동해지방해양경찰청에서 신임경찰관 채용 체력검사 중 한 응시생이 100m 달리기를 하다가 결승점을 불과 얼마 남기지 않은 지점에서 넘어지는 사고가 발생했다. 너무 긴장한 나머지 넘어진 것이다. 100m 달리기하다 넘어지면 한 번의 기회를 더 준다. 그러나 팔이 부러지는 바람에 다시 뛸 수가 없었다. 체력검사를 신속하게 중지시키고 얼른 응시생을 부축하여 129구급차로 데리고 갔다. 체력검사 시에는 만일의 경우를 대비하여 구급

차를 대기시켰다.

응시생과 같이 구급차로 걸어가면서 용기를 준 일이 생각났다. 경찰관 채용 시 첫 관문인 필기시험을 통과한 다음에 기다리고 있는 것이 체력검사다. 보통 필기시험은 채용인원의 2배 정도를 뽑으니 절반의 고비를 넘긴 셈이 된다. 더구나 100m를 빠른 속도로 잘 뛰었는데 결승점 바로 앞에서 넘어진 응시생의 안타까운 마음을 잘 알고 있기에 다음 시험에 꼭 응시하라고 격려를 아끼지 않았다. 그동안 뒷바라지 해주신 부모님 얼굴도 떠오르고 필기시험을 위해 1년을 다시 공부해야 하는 어려움도 있으리라.

체력검사를 진행하다 보면 안타까운 일이 많이 생긴다. 윗몸 일으키기, 팔굽혀펴기, 악력, 100m 달리기 등에서 한 종목이라도 최저점을 받으면 중간에 불합격 판정을 받아 시험장에서 나가야 한다. 끝까지 체력검사를 마치지 못하고 도중에 가는 응시생의 뒷모습을 아쉬운 마음으로 바라보기도 했다. 어떤 응시생은 울면서 간다. 시험을 통과하지 못한 자신의 체력이 얼마나 원망스러울까? 그러나 좌절할 일이 아니다. 체력은 반드시 노력하면 좋아진다. 처음에는 어렵더라도 꾸준히 연습하면 점점 놀라울 정도로 좋아질 것이다. 채용 담당과장으로 근무하다 보면 체력검사장에서 몇 번 만나서 얼굴이 익은 응시생도 있다. 언젠가는 그들 모두 내 후배 경찰관이 될 것이다.

나는 문자 메시지를 받고 너무 기쁜 나머지 ○○○ 순경이 동해 해양경찰서 어느 함정에서 근무하나 직원 명부를 찾아보았다. 그는 동해 1000톤급 함정에 있었다. 그 함정에 때마침 내가 아는 ○○○ 경감이 근무하고 있어서 얼른 전화를 걸었다.

"○○○ 경감, 그동안 잘 지냈지요? 동해 바다는 어때요? 파도는 심하지 않은가요? 그 함정에 ○○○ 순경 근무하지요? 근무는 잘하고 있나요?"
"예, 과장님. ○○○ 순경 착실하게 근무 잘하고 있습니다."

나는 전에 있던 이야기를 하고 ○○○ 경감에게 많이 가르쳐 줘서 훌륭한 직원이 될 수 있도록 관심을 가져달라는 이야기를 했다. 그런 긍정적인 마인드를 가진 직원이면 어떠한 어려운 일도 잘할 것이라는 확신이 들었다.

내가 건네는 따뜻한 말 한마디가 어떤 이에게는 커다란 힘이 될 수 있다는 것을…. 오늘도 무심코 하는 말에 따뜻한 정을 담뿍 담고자 한다. 지금 어딘가에서 해양경찰관을 꿈꾸는 젊은이들에게 용기를 주고 싶다. 두들기면 언젠가는 그 문이 열리리라고. 여러분들이 포기하지 않는 이상, 그 문은 열릴 준비가 되어 있다고. 그 문을 여는 주인공은 바로 당신이라고.

# 언제나 보고 싶은 그대들

1986년 해양경찰 최초 여경으로 임용된 이후 13년 동안 여경을 채용하지 않았다. 1999년에야 비로소 여경 30명이 들어왔다. 13년 동안 후배 없이 지내다가 후배가 생기니 무척 신이 났다.

경찰관으로 채용되면 바로 근무하는 것이 아니라 6개월~1년 동안 교육을 받는다. 교육 기간은 그때그때 해양경찰 교육원 상황이나 교육 방침 등에 따라 다소 유동적이다. 후배가 생긴 기쁨에 당시 교육과장님께 건의해서 교육 중인 30명을 격려하기 위해 충주경찰학교에 위문하러 갔다. 지금은 신임경찰관을 양성하는 해양경찰교육원이 여수에, 재직 직원 교육을 위한 직무교육훈련센터가 천안에 있지만, 당시에는 신임 여경 교육을 경찰청 교육기관에 위탁했었다.

충주경찰학교에 도착해 보니 교육생들이 운동장에서 커다란 북소리에 맞춰서 제식훈련을 하고 있었다. 제식훈련 할 때가 제일 힘들었던 나의 기억을 살려 이 시기에 교육생 위문을 건의했던 것이다.

내가 신임 순경 시절 제식훈련 받을 때였다. 매일 뙤약볕에서 기동복이 다 젖도록 제식훈련을 하며 나날을 보내고 있는데 누가 면회를 왔다는 연락이 왔다. 면회 올 사람이 없는데 누굴까 나가보니 남편이 있었다. 그때는 연애하던 시절이었는데 둘 다 어려운 처지라 풍족하지 않은 데이트를 했었다.

그는 치킨 한 마리와 청포도 한 송이를 사 들고 왔다. 통닭을 적어도 다섯 마리는 사 와야 생활실 전원이 충분히 먹을 수 있었을 텐데…. 그래도 그의 면회와 위문품은 가뭄에 단비처럼 고된 훈련의 고통을 잠시나마 잊게 해주었다. 생활실원 모두가 조금씩 나눠 먹으니 꿀맛이었다. 먹을 것도 많지 않던 훈련기간에 통닭이라니….

우리 해양경찰 여경뿐만 아니라 육경 여경까지 먹을 수 있도록 통닭 30마리와 기념품을 넉넉하게 챙겨서 갔더니 다들 좋아했다. 훈련 때 먹은 통닭이 제일 맛있으리라. 다른 여경들이 우리 해양경찰을 무척 부러워했다는 후일담도 들었다. 직장에서 여경 선배, 후배도 없이 지내다가 30명의 후배가 생겼으니 어찌

안 좋을 수가 있을까? 그래서 지금도 첫 번째로 생긴 후배들에게 더욱 애착이 가는지도 모르겠다.

그 이후 해양경찰은 해마다 10명 내지 20여 명씩 여경을 채용해서 지금은 1,200명이 넘어 전체 직원의 약 10%를 차지하고 있으니 눈부신 발전이다. 해마다 여경 후배들이 교육받을 때마다 면회 가서 저녁도 사주고 피자도 사주는 등 격려해주곤 했는데 최근에는 후배가 너무 많이 생기는 바람에 그러지를 못했다. 그들을 만날 때마다 나의 경험담을 들려주곤 했는데 점점 계급이 높아지자 그들이 나를 어려워하는 것을 피부로 느낄 수 있었다. 내가 여경 선배 없이 직장생활을 시작한지라 그녀들이 처한 어려움을 들어주는 격의 없는 선배가 되고 싶었다.

후배 여경이 경찰학교를 졸업하고 부임해서 처음으로 맞이했던 해에 '해양경찰의 날' 뒤풀이 행사 때 후배 여경이 나미의 '찰랑찰랑' 노래를 멋들어지게 불러 직원들이 함께 신나게 웃었던 일이 생생하다. 그 후배는 내가 마지막으로 근무했던 평택해양경찰서에서 서장과 부하 직원으로 만났는데 인연이 참으로 깊다. 내 이임식 때 기획운영계장과 함께 꽃길만 걸으라고 나를 축하해주었으니 말이다.

여경 후배들이 점점 많아지자 그동안 하지 않았던 당직도 서고 함정 근무도 하기 시작했다. 후배들이 들어오기 전까지는 당직을 서지 않아 늘 마음이 불편했는데 당직 근무를 하면서부터는 그런 마음이 사라졌다. 여경들만 근무하는 곳으로 여겼던 민원실에서 탈피해서 수사계, 파출소, 경비함정 등 여러 부서에서 여경들이 두각을 나타내기 시작했다. 내가 2017년 총경으로 진급한 이후 내 뒤를 이어 총경 1명이 나왔으며 현재 경정이 10명 있으니 앞으로 더 많은 총경이 배출될 것이다.

굳이 여성, 남성을 가르지 말고 서로의 성(性)의 다름을 인정하고 서로 협력해서 조직의 일원으로 일을 해야 한다. 돌이켜 보면 여성이라 어려운 점도 많았지만, 여성이라 더 유리한 점도 많았다. 직원들의 마음을 섬세하게 살피는 일도, 꼼꼼하게 업무를 챙기는 일도, 다른 조직과 인간관계를 맺는 일 등은 더 잘할 수 있었다고 감히 이야기할 수 있다.

나는 승진할 때마다 '최초'라는 수식어로 크고 작게 언론에 기사가 실리곤 했다. 어쩌면 그 최초가 거슬리는 사람도 많이 있을 것이다. 우리 집에는 그 기사들을 하나도 버리지 않고 스크랩해서 모아두었는데 시간이 오래되어서인지 누렇게 빛깔이 변했다. '최초'에 심취하지 않고 '최선'이라는 무기를 가지고 살았던 흔적이 아닐까 생각된다.

　나의 여경 후배들도 내 뒤를 이어 모든 분야에서 나를 뛰어넘어 잘할 것이라 믿는다. 처음 후배들이 생겨 충주경찰학교로 달려갔을 때처럼 나는 늘 우리 후배들이 많이 그리울 것이다. 많이 궁금할 것이다. 그리고 이제 유리천장은 모두 깨져 없어졌다고 감히 말한다. 바다에는 남녀 구별이 없다고 말이다.

제2부

/

# 내 자리를 지키기 위한
# 열정의 아이콘

# 육아의 어려움을 나누다

내가 사는 집 근처에 해양경찰청 본청이 있다. 본청 뒤쪽 주차장 부근에 '해양경찰 어린이집'이 이쁘게 자리를 잡고 있다. 그쪽을 지나갈 때면 그 안에서 조물거리고 있을 꼬맹이 생각에 혼자 씨익 웃곤 한다. 내가 본청 복지반장으로 근무할 때 어린아이를 돌볼 곳이 없는 맞벌이 후배들을 위해 기획하고 예산을 확보하여 신축, 개원한 어린이집이다.

"계장님, 제가 우리 후배들을 위해 어린이집을 기획하고 싶습니다. 아이들 2명을 키우는 데 정말 어려움이 많았습니다. 마음 놓고 업무에 전념할 수 있도록 직장 내에 보육시설이 있다면 맞벌이 부부에게는 커다란 힘이 될 것 같습니다."
"좋은 생각인데요. 그럼 한번 시도해보세요. 그러나 쉽지만은 않을 거예요."

계장님께 우선 허락을 받고 과장님께도 '일과 가정 양립을 위한 보육시설 신축 계획'을 보고드렸더니 과장님 역시 흔쾌히 허락하셨다. 상사께서 부하의 기획안을 흔쾌히 인정하는 것보다 더 신나는 일은 없다. 나를 인정하고 밀어주시는 두 분께 감사함을 느꼈다.

'그래, 한번 시도해보자.'

그때부터 할 일이 무척 많아졌다. 청장님을 비롯한 지휘부 보고가 급선무였다. 혹시 반대하시면 어쩌나 걱정도 많이 되었다. 경찰청, 국방부, 화성시청, 인천 법원, 이천시청 등 어린이집이 있는 관공서 10여 곳을 찾아가 일일이 담당자를 만나서 어떻게 어린이집을 신축했는지를 견학하고 조언을 구했다. 아낌없는 지원 속에 좋은 편의시설을 갖춘 어린이집이 그저 부러울 뿐이었다. '우리 해양경찰청에도 저런 보육시설을 꼭 만들어야지.'라는 희망을 갖고 어린이집 신축을 위해 차근차근 준비했다.

방문하는 기관의 어린이집 담당자가 대부분 1~2년 근무하다 바뀌는 바람에 어린이집 개원부터 전 과정을 알고 있는 직원은 거의 없어 일을 진행하는 데 어려움이 많았다. 청장님과 차장님 등 지휘부에 어린이집의 필요성과 내가 두 아이를 키우면서 어렵고 힘들었던 일들을 말씀드려 드디어 승낙을 받아냈다.

예산총액제라 어린이집을 신축하면 그 예산만큼 다른 사업을 할 수 없어 일단 신축 설계비만 그해에 확보하고 신축은 그다음 해에 하는 것으로 예산 부서와 협의했다. 그러나 예산 확정 무렵, 운이 좋게 어린이집 설계비와 신축비까지 예산에 담을 수 있어서 무사히 2009년에 어린이집을 신축할 수 있었다. 요구한 예산보다는 금액이 많이 줄었지만, 그것만으로도 감사하게 생각하고 예산에 맞게 설계를 했다.

　나중에 예산을 더 확보해서 한 층을 올리겠다는 마음으로 욕심을 내려놓았다. 어찌 첫술에 배가 부르겠는가? 어린이집을 설계하는 일은 힘들었지만 무척 재미있었다. 의문사항이 있으면 밤낮을 불문하고 건축설계사에게 귀찮게 전화를 해서 해결했다. 다행인 것은 본청 청사 신축 등 많은 경험이 있으신 선배 경찰관이 계셔서 건물 신축은 순조롭게 진행되었다.


　신축 후 어린이집 위탁 운영업체도 입찰해서 정했다. 용역 업체에 대한 현장 설명회도 개최하고 어린이집에 자녀를 맡길 의사가 있는 직원들의 의견 수렴도 여러 차례 실시하여 개원 이후 불만이 없도록 세심하게 살폈다. 어린이집은 설계부터 개원하기까지 해야 할 일이 정말 많았다. 어린이집 완공 후 책상, 의자, 교구 교재, 물품구매 등은 내가 태안해양경찰찰서로 발령이 나는 바람에 후임 여경이 마무리했다.

건물이 다 지어지고 내부 시설이 하나하나씩 완성될 때마다 소인국을 방문하는 것처럼 마음이 기뻤다. 아주 조그맣게 생긴 화장실, 교실, 식당. 그곳에서 아무 걱정 없이 자랄 아이들을 생각하니 더욱 신경을 써서 만들어야겠다는 각오가 생겼다. 아이들에게 담당자로서 무슨 선물을 해줄까 물어봤더니 현관 입구에 올록볼록 신기한 커다란 거울이 필요하다고 해서 선물을 하나 했다.

영유아보육법에서 교사 1명이 돌보는 아이가 만 0세 반은 3명, 만 1세 반은 5명, 만 2세 반은 7명, 만 3세 반은 15명, 만 4세 이상 반은 20명이다. 0세를 돌보는 어린이집은 거의 없다. 0세는 너무 어려 많은 보살핌이 필요하기 때문에 1세부터 받는 곳이 대부분이다. 출산휴가를 마친 직원들이 육아휴직을 하지 못할 상황이 되면 당장 어린아이를 맡길 곳이 없어 발을 동동 구르는 것을 잘 아는 나로서는 0세 인원도 정원에 넣었다.

경정으로 진급해서 동해지방해양경찰청 기획운영계장으로 근무하면서도 어린이집 신축 업무를 기획했다. 본청 개원의 경험을 살려 어린이집 설계부터 더욱 세심하게 노력을 기울였다. 설계 시에 반영할 가장 중요한 사항은 출입구에 교사실을 배치하는 것이었다. 어린이들의 출입이 잘 보이는 곳에 위치해야 위험에 즉각 대응할 수 있다. 지금은 지방해양경찰청마다 어린이집이 있어서 맞벌이 직원들이 일과 가정을 양립할 수 있도록 지원하고 있다. 마음 놓고 육아할 여건이 되지 않아 점점 아이를 낳지 않으려는 현실을 보면 어린이집 확보는 그 의미가 매우 크다.

언니가 두 아이를 돌봐주다가 2, 4살 때 사정이 생겨서 부득이 '놀이방'(지금으로 보면 어린이집에 해당할 듯하다)에 약 2년 정도 맡겼다. 언니도 아이가 셋인데 우리 아이들까지 돌보느라 고생을 정말 많이 했다. 늘 고마운 마음이다. 잠자는 아이를 업고 아침밥도 제대로 먹이지 못하고 놀이방에 맡기고 나올 때는 마음이 안되었다.

사려 깊은 놀이방 원장님은 집에서 가져간 아침 도시락을 두 아이가 깨면 먹여 주었으며 퇴근이 늦은 나를 위해 아이들을 늦게까지 돌봐주었다. 다른 아이들은 다 집에 간 늦은 시간에 놀이방 문 앞에 놓인 내 아이들 신발 두 켤레를 볼 때마다 안쓰러웠다. 울면서 떨어지지 않겠다고 내 옷을 꼭 잡는 아이를 두고 나가는 날에는 종일 일이 잡히지 않았다.

1997년도에 총무처에서 주관하는 공무원 국외훈련 중 제일 부러웠던 것이 캐나다 벤쿠버시의 여성에 대한 배려였다. 그 지역의 많은 여성이 직장을 다니기 때문에 직장마다 육아시설이 있고 정부에서 적극적으로 육아시설 예산을 지원하는 것을 보았다. 육아를 한 개인의 문제로 여기지 않고 나라에서 대책을 세우는 것이 무척 부러웠었다. 그때 느꼈던 부러움을 나는 원동력으로 삼아 어린이집을 신축하면서 현실을 바꾸어 놓았다.

  아이들을 마음 놓고 맡겨 업무에 전념할 수 있도록 하는 것이 출생률을 높일 수 있는 방법 중의 하나이다. 아침 출근할 때 어린이집에 맡기고 퇴근할 때 같이 귀가하는 모습을 보니 정말 내 일처럼 마음이 뿌듯해진다. 아이들에게도 엄마가 가까운 곳에 있는 것이 정서적으로 많은 도움이 된다고 한다. 아들을 놀이방에 두고 문을 나설 때 큰 소리로 우는 그 순간을 용케도 잘 견뎌냈다. 그 아들이 올봄에 장가를 갔다.

# 잊지 못할 경비함정 1507함

2010년 2월 드디어 태안해양경찰서 1507함 부장으로 발령이 났다. 얼마나 고대했던가! 그동안 함정 근무 이야기만 나오면 나 스스로가 작아지는 기분이 들었다. 남녀 구별 없이 기회가 되면 여경 후배들에게 함정, 파출소 등 어디든지 당당하게 근무하라고 강조했던 나였기에 더욱 그런 마음이 들었다. 남들처럼 당당하게 함정 근무를 하는 것이 옳다고 생각해서 지원했다. 너무 늦은 감이 있었지만 늦었다고 생각할 때가 가장 빠르다는 명언은 나에게 딱 들어맞았다.

캐리어에 짐을 잔뜩 싣고 1507함 경비함정이 정박하고 있는 서산 대산항 부두에 도착했다. 겨울 칼바람이 가슴을 막 파고들었다. 내가 생활할 부장실은 업무를 볼 수 있도록 원룸처럼 책상, 냉장고, 침대, 화장실이 있었다. 이제부터 출동하여 우리 바다를 지킨다고 생각하니 가슴이 막 뛰었다. '난 잘할 수 있을 거야.' 또 한 번 나에게 주문을 걸어보았다. 딸은 대학교 휴학 후 신림동 고시촌에서 시험 준비를 하고 아들은 곧 군대 갈 예정이어서 크게 개의치 않았다. 남편은 자기 생각하지 말고 하고 싶은 일을 하라고 적극적으로 지지해 주었다.

해양경찰청 본청, 인천해양경찰서, 해양경찰학교 등 비교적 인천을 떠나본 적이 없는 나에게 경비함정 근무는 커다란 도전이었다. 이 기회가 아니면 이후에는 경비함정 근무를 하고 싶어도 하지 못할 것이라는 생각이 들었는데 태안해양경찰서 1507함으로 발령이 나서 내심 기뻤다. 경비함정 근무 지원을 후회하지 않을 자신이 있었다.

1000톤 이상 경비함정은 한번 출동 나가면 7박 8일을 바다에서 지낸다. 당시에는 40여 명의 직원과 의무경찰순경 8명 정도가 근무했다. 아들이 군 복무 중이라 의무경찰순경을 보면 아들을 보는 것처럼 안쓰럽고 해서 되도록 그들이 원하는 것을 다 들어주며 잘해주려고 노력했다. 인천 집에 다녀오거나, 외출하고 돌아올 때는 그들에게 꼭 빵이나 피자 등 빈손으로 오지 않고 먹을 것을 사다 나누어 주었다. 8명의 아들을 둔 엄마 마음이다.

첫 출동은 2010년 2월 7일이었는데 그때 벅찬 감정은 이루 말할 수 없었다. 그날따라 바다에 안개가 자욱해서 긴장이 바짝 되었지만 무사히 출항할 수 있었다. 1507함 부장인 내가 "출항! 제민7호!"를 방송하자 거대한 경비함정이 움직이기 시작했다. 함정은 함장 지시에 따라 조타수가 타(자동차에 비유하면 운전대)를 잡고 그 방향대로 항해했다. 한번 출동 갔다 오면 겨울에서 봄으로 계절이 바뀌는 것을 느낄 수 있었다. 입항하면 며칠 동안은 마치 함정을 타고 있는 듯이 흔들거리는 육지 멀미를 하곤 했다. 그때 나는 땅을 밟고 지내는 평범한 일이 얼마나 감사한 일인가도 절감했다. 시댁이 군산 무녀도라 가끔 여객선을 타고 섬에 다녔지만 1년 동안의 경비함정 승선은 나를 멀미 안하는 강한 사람으로 만들었다.

두 번째 출동 나갔을 때 아들은 20사단 훈련소에 입대했다. 나 대신 남편과 딸이 데려다주었으며, 나중에 아들의 옷과 신발이 집으로 왔지만, 그것도 나는 보질 못했다. 군대 이야기만 나오면 괜히 아들에게 미안한 마음이 들었다. 아들이 양평으로 군부대 배치를 받았을 때 휴가를 내서 초밥, 불고기, 삼겹살을 잔뜩 가지고 가서 그 미안함을 대신하기도 했다.

드디어 불법 외국 어선 단속 작전이 시작되었다.

"알림!"

"잠시 후 중국어선 검문검색 예정!"
"단정요원은 장비를 갖추고 조타실로 집합하기 바람!"

이라고 함내 방송을 했다. 새벽 4시에 직원에게 나포작전을 알리는 방송을 할 때가 제일 미안했다. 마이크를 누르면 달각달각 소리가 나는데 침실 스피커를 통해 새벽에 그 음을 듣는 직원들은 얼마나 긴장될까?

새벽에 상황이 생겼다. 우리 영해를 침범하는 어선을 나포하는 일이다. 함장님은 조타실에서 모든 상황을 지휘하고 나는 그 명령에 따라 단속요원 16명에게 안전교육을 하고 단정을 내리는 등 지시를 했다. 파도가 심하지만 안전하게 단정을 내리고 불법조업 외국 어선을 향하여 갔다.

"중국어선 등선 완료, 조타실 완전 장악했음!"
"인원, 장비 이상 없음!"

무전기를 통해 들려오는 그 소리가 얼마나 반가웠는지 모른다. 해양경찰에 단속된 불법조업 외국 어선은 1억이 넘는 담보금(영해 침범 등 각 조항에 따라 담보금 차이가 있다)을 내야 구속되지 않고 풀려난다. 그 돈은 그들에게 어마어마하게 큰돈이라 단속되지 않기 위한 저항이 무척 크다. 그렇기에 우리 직원들이 단속하다 귀중한 목숨을 잃거나 부상 당하는 일이 많아 안전하게 단속하는 일이 무엇보다도 중요하다.

어선을 나포하여 태안 신진항 전용부두까지 끌고 오는 일도 무척 힘든 일이었다. 우리 같은 대형함정이 불법조업 외국 어선을 나포하면 밤새 영해 침범이나 조업규칙 위반 등 조서를 작성한다. 뚜렷한 증거가 있어도 그들은 쉽게 시인하지 않아 증거를 대고 밤새도록 조사해서 검찰에 인계하기까지 꼬박 13~15시간이 걸린다. 그동안 식사 시간이면 그들에게 식사도 줘야 하고 무슨 일이 없도록 지키는 것도 커다란 일이었다. 그렇게 해양 경찰은 그 먼바다에서 우리 영해를 지키기 위해 목숨을 아끼지 않고 바다를 지키며 우리나라 어선들이 안전하게 조업할 수 있도록 지켜주고 있으며 충돌, 화재 등 사고가 발생하면 즉시 출동하여 사고를 수습하고 있다.

경비함정은 해마다 함정훈련을 하는데 그해 우리 함정이 훈련을 잘해서 전국 대형함정 27척 중 1위를 차지하는 영광을 가졌다.

함정훈련은 부장이 총괄하여 훈련 준비를 한다. 경비함정 직원들이 출동 중이나 정박 중에도 내가 계획한 대로 훈련을 잘해줘서 좋은 결과를 가져왔다. 훈련이 계획된 날은 모든 경찰관과 의무경찰이 한마음이 되어 소방 훈련, 인명구조 훈련 등 여러 가지 훈련을 했다. 이렇게 반복된 훈련을 통해 실제 사고 발생 시 신속하고 능숙하게 사고를 수습할 수 있도록 역량을 높여야 한다. 지금 생각하면 그들의 적극적인 협조가 아니었더라면 처음 근무하는 경비함정 부장 업무를 잘해 낼 수 없었을 것이다.

김치를 잘 담그고 맛있는 음식을 잘해주셨던 ○○○ 경위, 칼날같이 정확한 항해술과 훈련의 핵심을 잘 가르쳐 주신 ○○○ 경위, "10년 뒤에 부장님은 환갑이어요."라고 나를 놀리며 행정 업무는 물론 나를 잘 보좌해 주었던 ○○○ 경위 등 누구 하나 중요하지 않은 사람이 없었다. "부장님은 아이(I)만 잘하시면 되어요."라며 나에게 힘을 준 직원들이 생각난다. 훈련 시나리오를 깨알같이 타이프쳐서 손바닥만 한 작은 책으로 만들어 나누어 주었더니 감격해서 자기들의 할 일을 체크하며 적극적으로 단합하여 좋은 성적을 거두게 해준 고마운 직원들. 그 시나리오 책을 버리기가 아까워 지금도 내 방에 소중하게 간직하고 있다. 어찌 그것을 버릴 수가 있을까?

불빛 하나 없는 깜깜한 함교 위에서 보았던 은하수, 망망대해에서 본 붉은 노을, 출동 중이라 기관장 아버님 장례에 가보지 못한 동료들의 미안함, 이런 것들은 경비함정 근무자가 아니면 느끼지 못할 것이다.

물 위로 흐르던 보름달 달빛…

마지막 출동에서 느꼈던 아쉬움을 어찌 한마디로 다할까?


그들이 있어서 오늘의 내가 있다. 단 한 명의 부상자도, 낙오자도 없이 업무를 잘 마칠 수 있게 해준 1507함 전 직원들에게 감사함을 전한다. 함정에 대해 자세히 설명해 주며 부장 임무를 잘 마칠 수 있도록 지도해준 동갑내기 ○○○ 함장님, ○○○ 기관장님도 잊지 못할 고마운 사람이다. 그리고 출동 때마다 직접 가꾼 상추, 머위잎 등을 한 자루씩 싸 오시던 ○○○ 경위, 아파서 밥을 제대로 못 먹었던 나에게 짜파게티에 계란 후라이 하나 얹어 순식간에 삼선짜장을 해준 ○○○ 경위 등 모두를 똑똑히 기억한다.


이 경험으로 나의 세 번째 시집 『바다에 남겨 놓은 것들』이 탄생할 수 있었으며 덕분에 〈제24회 인천문학상〉을 수상하는 영광도 함께 누렸다. 그중 연작시 출항 중 한편을 옮겨본다.


풍랑 경보에도 / 바다 한가운데서 / 카랑카랑 / "키 오른편 25도" 외치는 / 함정이 되고 싶다 // 괭이갈매기 알을 품듯 / 동트는 동해 바다 / 저 푸른 독도를 어서 지키고 싶다 // 모든 승조원 마음 / 하나하나 풀어 / 오직 한 가닥으로 만나고 싶다 // 이름만 들어도 / 울컥 가슴 메이는 / 눈부셔 / 차마 쳐다볼 수 없는 / 독도 // 꿈에도 남들이 넘보지 못하게 / 함장이 되어 / 꼭 / 지키고 싶다 // 승전보 울리며 / 부두에 / 나비처럼 사뿐히 / 접안할 줄 아는 / 그런 함장이 되고 싶다 //

「함장이 되고 싶다」 (시집 『바다에 남겨 놓은 것들』 中)

# 성과로 거듭나기

동해지방해양경찰청 기획운영계장으로 2년 동안 근무하면서 보통 한 달 반이나 두 달에 한 번 집에 다녀온 것 같다. 동해에서 그렇게 2년을 보내고 1월 희망지 조사 때 본청 복지계장에 지원했다. 물론 본인이 지원한다고 그대로 인사발령이 나지는 않는다. 예전에 근무했던 복지반장 경험을 살려 해양경찰 복지 개선을 하고 싶은 욕심이 생겼다. 그러나 막상 인사발령 공문으로 보니 성과관리팀장으로 발령이 났다. 성과관리팀장 발령은 의외였으나 그래도 만 3년 만에 가족이 있는 인천으로 발령이 난 것에 감사한 마음으로 이삿짐을 쌌다.

본청 회의실에서 부임 신고를 받으신 청장님께서 발령받아 온 경정급 직원들에게 인사 말씀 후 나에게 특별히 당부하셨다.

"여성이라고 안주하면 안 됩니다.

본인이 스스로 어려운 일을 찾아서 할 줄 알아야 합니다. 그래서 복지계장으로 발령을 내지 않고 성과관리팀장으로 발령을 냈으니, 더 열심히 해서 좋은 성과를 내기 바랍니다."

"예, 잘 알겠습니다. 최선을 다해 열심히 하겠습니다."

나는 지금도 그때 격려해주신 청장님께 감사를 드리고 싶다. 그리고 내가 그동안 너무 안일하게 살아온 것이 아닌가 반성했다. 물론 경험했던 업무를 하면 쉽게 잘할 수 있다. 나에게 성과관리팀장을 맡겨 주심에 정신 차려 더욱 업무를 챙기겠다는 각오로 새로운 업무를 시작했다.

그 당시 해양경찰청은 중앙행정기관 중 가장 먼저 BSC(Balanced Score Card)를 도입해서 성공적으로 정착시켜왔으며 꾸준히 성과관리에 두각을 나타내는 기관이 되어왔기 때문에 성과관리팀장 자리는 다소 부담스러웠다. 그래도 성과지표를 개선하고 평가제도를 점검하며 해양경찰청 성과관리에 주력했다. 아울러 정부업무평가 업무에도 세심하게 노력을 하여 좋은 성과를 내도록 했다. 정부업무평가는 국무조정실 주관으로 국정과제 업무, 기관 간 협업업무, 비정상화의 정상화 등 여러 항목별로 평가해서 연말에 최우수, 우수 등 기관별로 결과를 발표했다. 2013년도에는 적조현상이 매우 심했는데 해양오염방제국에서 지방자치단체와 적극적으로 협업하여 적조 발생 해역에 황토 살포 등 방제활동으로 적조현상을 잘 수습할 수 있었다. 그 결과 정부업무평가 협업 부문에서 '최우수' 평가를 받아 몹시 기뻤다.

또한 2013년 12월 안전행정부 주관 성과관리 사례 발표회에 우리 청의 사례를 발표해서 안전행정부 장관상을 받는 영광을 차지했다. 중앙부처에서 온 사람들 앞에서 하는 발표라 떨리고 긴장되었지만 차분하게 발표를 마쳤다. 성과평가 결과를 인사 근무평정과 연동해서 시행한 것을 높이 평가했다. 세종시에 있는 국무조정실에 찾아가 담당자와 담당과장 등에게 해양경찰청 업무의 어려움을 설명하고 우리가 잘한 부분도 언급하면서 해양경찰청을 적극적으로 알리기에 최선을 다했다. 돌이켜보면 그런 열정이 좋은 결과를 얻지 않았나 하는 생각이 든다.

성과관리팀장을 하면서 때로는 어려움도 많았다. 성과평가 결과는 곧 성과급과 인사 근무평정으로 이어지기 때문에 직원들이 무척 예민하게 신경을 쓰고 대응했다. 성과지표가 서로 충돌하여 기능별로 조정할 필요성도 대두되곤 했다. 해양사고가 발생하면 성과 목표를 달성하지 못하는 경우도 있었지만 각 부서에서는 '안전하고 깨끗한 희망의 바다'를 만들기 위해 열심히 노력했다. 편한 것을 생각하면 한없이 편한 것만 찾을 것이다.

어느 조직이나 그 조직이 실현해야 할 가치가 있고 비전이 있다. 그 비전을 이루기 위해 리더는 자신이 가고 있는 곳을 정확히 알고 구성원들과 함께 지향점을 찾아가야 한다. 조직이 가진 강점과 약점, 직원들에게 동기 부여를 할 수 있는 것을 잘 파악하고 새로운 가치를 위해 노력해야 한다. 새로운 것에 도전하면 처음에는 어렵고 힘들지만 성공했을 때 그 성취감은 이루 말할 수 없다.

비록 복지계장이 되지는 못했지만, 성과관리팀장이 되어서 해양경찰을 널리 알리고 성과관리에 조금이나마 일조한 것이 커다란 보람이었다. 성과관리! 그것은 한없이 우리에게 많은 어려움과 노력을 요구하지만, 그것이 조직을 더욱 발전하게 하는 원동력이라 확신한다.

# 바다에서 보낸 세 번의 여름

비가 내리는 일요일 혼자 자동차를 타고 태안 학암포 해수욕장을 향해 시동을 걸고 오늘은 학암포 쪽으로 방향을 잡았다. 학암포 가는 길 양쪽에는 빨간색 백일홍이 무척 아름답게 피어 있다. 목백일홍, 일명 배롱나무꽃은 흰색, 옅은 보라색, 빨간색 이렇게 세 가지가 있는데 빨간색 백일홍을 보면 더욱 느낌이 좋다. 비가 내리는 날에는 해수욕장에 사람이 많지 않아서 안전 관리에 숨을 좀 돌릴 수가 있다. 가던 길에 차를 멈춰 세우고 핸드폰에다 글을 쓴다.

8월이 오거든, / 사랑하는 이여 / 백일홍 곱게 핀 / 학암 포로 오시오 // 내 마음 / 도드라져 / 저렇게 붉게 / 꽃으로 피었나니 // 내 어찌 / 百日만 그대를 / 생각하리오 // 눈물처럼 / 뚝뚝 / 백일홍 지기 전에 / 두 눈 꼬옥 감고 / 꽃잎 숨결 만져보오 // 그 보드라움 / 내 마음 같

아 / 학처럼 날아와 / 살포시 고백하리오 // 8월이 오거
든, / 아직도 / 못다 한 사연이 / 있거든, / 사랑하는 이
여 / 학암포로 잊지 말고 / 오시오 //

「학암포 연가」 (시집 『그 바다에 가면』 中)

해수욕장 안전관리 업무가 지방자치단체로 이관은 되었으나
연안안전관리 업무에는 해수욕장 안전도 포함되어 있다. 해수
욕장 개장 기간에는 바닷가 쪽은 지방자치단체가, 해상에는 해
양경찰이 해상구조대를 편성하여 국민들이 안전하게 물놀이를
즐길 수 있도록 했다. 뜨거운 햇볕이 내리쬐는 바다에서 하루
종일 수상오토바이를 타고 익수자 구조 등 안전관리를 하는 직
원들의 노력은 눈물겨웠다. 그들을 격려하기 위해 해수욕장 개
장 기간에는 주말에도 쉬지 않고 출근했다. 그때처럼 '설레임'
아이스크림을 많이 산 적이 없을 것이다. '설레임'은 녹더라도 다
시 얼려서 먹을 수 있기 때문에 해수욕장에 갈 때 나의 최애 격
려품이었다.

태안에는 관리해수욕장이 32개가 있는데(지금은 조금 줄어들었
음) 그중 방문객이 많은 6개 해수욕장(학암포, 꽃지, 상봉, 만리포,
몽산포, 연포)에 해상구조대를 파견하여 지방자치단체와 같이 안
전관리를 했다. 지방자치단체에서 파견된 안전관리 요원과 함께

안전사고에 대한 적응훈련을 실시했다. 해상구조대는 해상구조 활동, 연안에서 발생하는 각종 사고에 집중적으로 대응하기 위해 부단한 훈련을 했으며 가끔 직원들을 위해 통닭, 피자, 만두 등으로 조금이나마 그들을 위로해 주는 것을 보람으로 삼았다. 그들의 애로사항을 해결해 주려고 노력하였다.

주기적으로 실시한 해양경찰 해상구조대와 태안군과 인명구조장비를 이용한 상황훈련과 팀워크 강화훈련은 일분일초를 다투는 인명사고에 많은 도움이 되었다. 뜨거운 8월의 태양 아래 태안군 미래안전정책실장과 같이 합동훈련을 하며 2015년, 2016년 두 해 여름을 인천 집에 한 번도 가지 않고 바다에서 꼬박 지냈다.

물놀이 인명사고가 나지 않도록 안전요원들 훈련, 정기적인 바닷가 순찰 등 다방면으로 지방자치단체 직원들과 서로 확인하고 또 확인하며 하루하루를 보냈다. 그렇게 안전관리를 위해 노력했지만 2016년 해수욕장 폐장 며칠을 남기고 만리포 해수욕장에서 중학생이 실종되는 사고가 발생해 모든 이를 안타깝게 했다.

해양안전과 업무에는 파출소 관리가 있다. 태안해양경찰서에는 4개 파출소가, 평택해양경찰서에는 5개의 파출소가 있다.

2017년 평택해양경찰서 해양안전과장 임무를 수행해보니 태안보다 더 바빴다. 평택해양경찰서는 관할이 워낙 넓어서 이동하는 데에도 시간이 오래 걸렸다. 안산파출소, 대부파출소, 평택파출소, 당진파출소, 대산파출소 이 다섯 군데를 방문하려면 최소 2일이 걸렸다.

서해안은 조석간만의 차이가 커서 물이 다 빠지는 간조가 되면 인명을 구조하는 연안구조정이 나갈 수 없기 때문에 만조가 되었을 때 미리 물이 있는 곳으로 이동시켜야 한다. 동해에서는 파출소 앞에다 연안구조정을 계류하여 해상에서 안전사고가 나면 곧바로 출동할 수 있지만, 서해안은 그럴 수 없는 곳이 많다.

특히 서해안은 밀물, 썰물로 인해 야간에 해루질[1]로 사망하는 사고가 발생한다. 처음 태안해양경찰서 해양안전과장으로 발령받아 근무할 때 몽산포에서 갯벌 해루질 나갔다가 60대 어르신이 사망하는 사고가 발생했다. 바닷가에 오래 사시는 분들도 바다에서 불빛을 잘못 보고 육지로 나간다는 것이 정반대로 나가 귀중한 생명을 잃기도 한다. 바다에는 우리가 생각하는 것보다 많은 사고의 위험이 도사리고 있다. 바다는 항상 낭만만을 주지 않는다. 때론 너무 큰 슬픔을 준다.

---

1) 물 빠진 바다 갯벌에서 어패류를 채취하는 행위로 밤에는 랜턴 등을 이용하며 조수간만의 차이가 큰 서해안에서 주로 행해지나 최근에는 동해안에서 한다.

바다를 이용할 때에는 항상 구명조끼를 착용하고 밀물 썰물 시간을 잘 알아야 한다. 핸드폰은 방수팩에 넣어 사용하며 유사시 119로 신속하게 신고를 하고, 반드시 2인 이상 활동하는 등 안전규칙도 잘 지켜야 한다. 물이 들어오는 줄도 모르고 해산물을 줍다가 고립되거나 사망으로 이어지는 사고도 자주 발생한다. 바닷물이 들어올 때는 어른의 걸음보다 물이 들어오는 속도가 빠르기 때문에 더 잡겠다는 욕심을 버리고 서둘러 육지로 나와야 한다는 것을 잊어서는 안 된다.

오늘도 이른 새벽에 주요 항구에서 낚시어선 안전관리를 위해 구명조끼 착용을 홍보하며 많은 직원이 어둠을 밝히고 있을 생각을 하니 가슴이 짠해진다.

# 바다의 수호신

해양경찰은 바다 어디든 국민이 위험에 처해 있는 곳이면 출동하여 귀중한 생명과 재산을 구하는 것이 최우선 임무이다. 망망대해에서 선박에 화재가 나거나 높은 파도로 사고를 당했을 때 그 누가 구조하겠는가? 다른 선박이 위험을 피하여 입항할 때 해양경찰 경비함정은 출동하여 사고를 수습하고 인명을 구조한다. 해상 조난사고는 5년간 평균을 내면 1년에 약 3,400여 건 된다. 선박 사고 유형별로는 기관이 손상되거나 부유물이 감기거나 충돌, 침수, 화재, 전복 등이다.

사고로 약 60여 명이 사망하고 30여 명이 실종된다. 이 수치는 최근 5년간 평균을 냈을 때 1년동안 발생한 인원이다. 육지에서 사고가 나면 그래도 현장에 접근할 수 있으나, 4~5m가 넘는 높은 파도가 일렁이는 바다에서는 1분이라도 늦으면 흔적도 없이 선박이 침몰하거나 인명을 잃을 수 있다. 최대한 신속하게 사고 현장에 도착하여 귀중한 생명을 구하고 화재 진압 등 사고를 수습해야 한다. 그러기 위해 함정과 파출소에서는 여러 가지 훈련을 밤낮없이 실시하고 있다. 사고 수습뿐 아니라 예방은 말할 나위가 없다. 특히 해양오염사고는 한번 발생하면 그 여파가 매우 크기 때문에 자연환경을 보호하기 위한 노력은 끝이 없다.

태안해양경찰서 해양안전과장으로 근무 시 해수욕장을 개장하고 3일쯤 지났을 때 만리포 해수욕장에서 모래를 채취하는 선박의 부주의로 기름이 유출되는 사고가 발생했다. 즉시 2층 대회의실에 방제대책본부가 차려지고 전 직원이 비상근무에 돌입했다. 만리포 현장에 가보니 기름 냄새가 나고 생각 외로 많은 양의 기름이 유출되었으며, 방제 9호정과 어선들이 방제작업을 하고 있었다. 다행히 물때가 간조라 바닷물이 빠지고 있었다. 기름이 해안가로 붙으면 상황은 최악이 된다.

현장을 보고 오신 서장님은 저녁 9시에 지방자치단체, 해안국립공원관리공단 등 유관 기관 및 단체를 긴급 소집하여 긴급방제대책본부 회의를 개최했다. 회의에 참석한 태안군 미래안전정책실장은 전 직원을 비상 걸어서 밤새 작업을 하겠다고 결연하게 말했다.

연안해역 해양오염 방제의 주체는 지방자치단체이다. 태안군은 2007년 허베이스피리트호 유류 유출 사고를 경험했기 때문에 더욱 긴장했다. 밤새 태안군 직원, 군민, 해양경찰 등이 온 힘을 다해 방제작업을 깨끗하게 완료하여 다음 날 해수욕장 이용에 아무 문제가 없도록 했다. 이는 기적 같은 놀라운 성과였다. 해양경찰, 태안군민 모두 합심하여 2007년의 아픔이 되살아나지 않도록 얼마나 힘들여서 유류 방제작업을 했던가! 환경은 한번 망가지면 다시 회복하기도 어렵고, 설령 회복되더라도 상당한 기일이 걸린다. 무슨 일이 있더라도 해양오염사고가 발생하지 않도록 해야 했다.

평택해양경찰서장으로 근무할 때도 궁평 앞바다 위에 원인불명의 오염사고가 발생하여 수습한 적이 있다. 바다 위에 뜰채로도 잘 안 떠지는 검댕이가 군데군데 떠다니고 있어서 양식장에 피해가 될지도 모른다는 생각에 관내 경비함정 여러 척을 동원하여 2박 3일 방제작업을 하도록 했다.

함정 직원들과 관내 파출소 직원은 밤잠도 자지 않고 뜰채로 뜨고, 유수분리기를 돌리고, 연안구조정과 경비함정은 자연 방산작업 등으로 오염물을 완전히 제거했다. 동원된 직원들 모두 힘은 들었지만, 집약적으로 많은 경비함정을 동원한 방제작업으로 조기에 마무리할 수 있었다.

해수욕장에서 고무보트를 타고 바다로 떠내려가는 어린아이의 목숨을 구하고, 바다에서 조업 중 어선 기관실에서 화재가 발생하여 어선원 모두를 구하고 어선 화재도 진압했을 때의 안도감, 해루질하다 방향 상실한 국민을 구했을 때의 보람. 이렇듯 바다에서 해양경찰은 해양주권수호 및 어족자원 보호를 위한 불법 외국 어선 및 국내 어선 단속, 침몰 어선 구조, 구급 업무, 화재 선박의 발생 시 소방업무와 응급환자 조치 등 119의 역할을 하고 있다. 밀수 밀입국 등 수사업무, 해상교통 안전을 위해 입·출항 선박의 통항을 관리하고 선박 항해에 안전정보를 제공하고 해상교통 질서확립에 앞장서는 해상교통관제 업무, 바다를 지키는 군인의 역할까지 병행하는 해상치안종합기관이다.

바다에서의 사고는 언제 어떻게 발생할지 모른다. 상황실은 늘 긴장 속에서 사고 장소를 파악하고 신속하게 동원 세력을 보내고 지휘관은 순간순간 판단해서 지시해야 한다. 해양경찰서장으로 근무 시 머리맡에 둔 무전기에서 들리는 달깍달깍 소리에도 잠에서 깼으며 서장 임무를 마칠 때까지 마음 놓고 편안하게 잠을 잔 적이 거의 없었다. 단 한 순간의 늦은, 잘못된 판단으로 예기치 못한 나쁜 결과로 이어질까 늘 긴장하며 지냈던 것 같다. 밤 1시에도 서둘러 경찰서에 나가 상황을 지휘하며 나의 안테나는 늘 상황실을 향했다.

리더는 무슨 일이든 솔선수범해야 한다는 것이 나의 신념이다. 더욱이 빠른 판단과 결단력은 잊지 말아야 할 항목이다. 작은 것도 크게 보는 자세, 그것이 지휘관 역할을 수행하는 데 많은 도움이 되었다. 안일하게 생각하는 것은 금물이다. 최악의 경우를 생각해서 대처해야 하며, 제1안이 안 될 경우 차선책을 항상 세워놓아야 한다. 비행기 조종사에게도 주 낙하산 이외에 비상 낙하산이 있듯이 말이다. '괜찮겠지'병에 걸리면 큰일이다.

국민이 부르면 어디든지 달려가는 해양경찰이기 때문에 늘 잠자지 않고 깨어 있었으며 최선을 다한 시간이다. 우리 해양경찰의 또 다른 이름 '바다의 수호신'. 우리가 아니면 그 누가 대신하겠는가?

# 보물찾기의 기쁨

봄을 느끼고 싶었다. 긴 겨울잠을 끝내고 터지지 않을 것 같은 두꺼운 나무껍질을 뚫고 연하디연한 새싹이 얼굴을 내미는 기쁨을 다 같이 느끼고 싶었다. 울진에도 새파란 싹이 돋아나고 있었다. 울진에서 맞이하는 새봄. 오늘이 내 인생의 봄날이다.

"계장님. 점심시간을 이용해서 가까운 곳으로 봄맞이를 하러 가면 어떨까요? 5~10분 거리에 있는 장소 좀 물색해 보실래요?"

생각나면 미루지 않고 실행하는 것이 습관이 되었던지라 이 봄이 다 지나가기 전에 직원들에게 연둣빛 봄을 느끼게 하고 싶었다. 살면서 계절을 느낀다는 것은 커다란 행복이다. 이제 몇 번의 아름다운 봄을 맞을 수 있을까 하는 생각이 가끔 들곤 했다.

"아주 가까운 거리에 울진 체육센터가 있습니다. 그곳이
적당할 것 같습니다."

"오케이. 그러면 다른 것은 준비하지 말고 김밥하고 따뜻
한 어묵만 준비하자고요. 그리고 내가 선물을 준비할 테
니 보물찾기도 한번 해봅시다. 보물은 너무 어려운 데 숨
기지 말고 찾기 쉬운 곳에 숨겨요."

봄날 소풍 가는 날이다. 약 50분 동안의 나들이가 시작되었
다. 비상 상황에 즉시 대응할 필수요원은 사무실에서 평소처럼
점심 먹고 대기하는 것으로 하고 나머지 직원들을 데리고 가기
로 했다. 기획운영계장은 미리 가서 보물을 숨기는 역할을 맡았
다. 직원들이 좋아할 생각을 하니 벌써부터 마음이 흐뭇했다.

### '다른 경찰서장과 다른 경찰서장이 되자.'

이런 생각을 한 것은 한국일보 편집국장을 지낸 김성우 님의
『돌아가는 배』를 읽고 난 후였다. 다른 사람과 다른 사람이 되
자는 저자의 이야기는 내가 고민하는 것에 대한 명쾌한 답을
주었다. 그렇다. 마음이 따뜻한 경찰서장이 되리라는 나의 결심
은 아주 작은 것도 지나치지 않고 챙기는 마음에서 비롯되었다.
물론 다른 사람도 그렇게 안 한다는 것이 아니다. 내가 그것을
좀 더 잘할 수 있다는 것이다.

4월인지라 아직 날씨는 쌀쌀했다. 처음으로 직원들과 동그랗게 앉아서 점심을 먹으니 어릴 때 생각이 났다. 문득 수건돌리기라도 해야 하는가? 하는 생각이 나서 혼자 픽 웃었다. 김밥과 따뜻한 어묵을 먹으면서 도란도란 이야기를 나누었다. 어려운 상사는 되지 말자. 더더욱 권위주의적인 사람이 되지 말자는 것이 예전부터 다짐했던 바였다. 여러 사람 앞에서 이야기하는 것도 직원들 자신을 단련시키는 좋은 기회임을 알았으면 좋겠다.

따뜻한 마음을 나누는 시간을 가지고 난 다음 보물찾기를 시작했다. 이왕이면 작은 것이라도 많은 직원이 가져갈 수 있도록 넉넉하게 선물을 준비했다. 보물을 찾은 사람들을 호명할 때마다 질문도 시켰다.


"만약 천만 원이 생긴다면?"
"지금 가장 보고 싶은 사람은?"
"가장 가고 싶은 여행지는?"
"나의 애창곡 한 곡 부르기"
"가장 만나고 싶은 사람은?"
"직장생활 중 가장 힘들었던 순간은?"
"살면서 가장 행복했던 순간은?"


사전에 평소 내가 직원들에게 궁금했던 사항을 질문지로 만들어 기획운영계장에게 주었다. 직원들이 대답할 때마다 웃고 박수치며 유쾌한 시간을 보냈다. 직원들의 생각을 읽을 수 있어서 무척 좋았다.

비록 1시간도 안 되는 짧은 시간이었지만 나에게는 정말 잊을 수 없는 소중한 시간이었다. 내가 그들에게 모든 것을 해줄 수는 없지만 계절이 지나가는 초록빛 봄을 느낄 수 있도록 공간을 만들어주었으며 그때 찍은 사진은 어느 초등학교 때 소풍 가서 찍은 사진 못지않은 따뜻한 기억으로 남아 있다. 그리고 가끔 울진이 생각나면 핸드폰에 간직했던 그 사진을 조용히 꺼내본다.

"봐 봐~ 서장님과 함께 보물찾기한 사람이 있으면 나와 보라구!"

# 해양경찰, 경찰, 소방서와 함께하다

울진해양경찰서장으로 재임하면서 울진 지역의 치안과 안전을 책임지고 있는 우리 서와 울진경찰서, 울진소방서 기관들이 안전망 구축을 위해 업무협약을 하면 어떨까 하는 생각을 줄곧 했다. 울진 관내 행사가 있을 때마다 울진경찰서장님과 울진소방서장님을 자주 만나 이야기를 했던 사이라 건의하면 흔쾌히 받아줄 것 같았다. 세 기관장은 유독 친하게 지냈으니 말이다.

"서장님. 지금도 상황이 발생하면 잘하고 있지만, 우리
세 기관이 업무협약을 맺어 재난이 생겼을 때 안전 대응
시너지 효과를 높일 수 있도록 육상, 해상에서 치안·안
전·긴급구조 원스톱 서비스를 제공하면 어떻겠습니까?"
"서장님 건의에 전적으로 동의합니다."
"그러면 장소는 우리 울진해양경찰서에서 진행하는 것으
로 하겠습니다. 준비는 제가 하겠습니다."

각 기관은 리더십 특강, 현장 직원 교류 등을 통해 현장 근무자들의 역량을 강화시킬 방안 등을 세웠다. 드디어 업무협약 당일이 되었다. 비록 신설 경찰서라 번듯한 대강당은 없었지만, 내부 시설만큼은 직원들을 위해 최대한 리모델링이 잘 되어서 자신이 있었다. 플래카드도 멋지게 만들었다.

'울진권 지역사회 안전망 구축을 위한'
안전·치안 기관 업무협약 체결식

협약식 내용도 서로 협의하며 세 기관은 힘을 합해 사고 발생 시 총력 대응하기로 했다.

맛있는 과일이랑 떡도 준비하고 식순도 점검했다. 무슨 행사든지 너무 딱딱하게 하지 말 것을 평소 당부한지라 편안하고 훈훈한 분위기 속에서 업무 협약식을 했다. 두 기관장님은 울진해양경찰서가 준비를 많이 했다고 고마워하셨다.

그리고 얼마 지나지 않아 울진경찰서장님을 우리 서에 초대하여 특강을 들었다. 평소 인품도 뛰어난 분이라 느꼈지만, 강의를 너무 멋지게 해주셔서 직원들의 반응도 무척 좋았다. 강의 후에는 경찰서장님의 가슴 울리는 대금 연주도 들었다. 끊길 듯하면서 이어지는 대금 소리는 서양 악기에 익숙해진 우리에게 큰 감동을 주었다. 경찰서장님이 전에 근무하셨던 봉화에서는 주민을 위해 연주회도 개최했다고 하셨다. 푸른빛 한복을 입고 연주하시는 프로필 사진에는 우리 전통의 멋스러움이 담겨 있었다. 사실 나도 악기는 하나 정도 연주하고 싶어 울진에 와서 플룻을 시작했지만 연주할 수 있는 곡은 별로 없었기에 대금을 멋지게 연주하는 경찰서장님이 부러웠다. 진작 배울 것을 하는 후회도 생겼다.

그 이후 울진경찰서에 가서 리더십을 주제로 강의를 했는데 울진경찰서장님은 나보다 더 세심하게 반겨 주셨다. 강당 입구에서 전 직원이 박수를 치는 가운데 빨간색 장미와 안개꽃으로 아름답게 만든 꽃다발을 한 아름 안겨주는 것이 아닌가! 강의는 내 시를 낭송하는 것으로 마무리했다. 지루해할까 봐 걱정을 많이 했는데 직원들이 경청을 잘하여 특강은 잘 마칠 수 있었다.

울진소방서에 가서 소방서 시설을 견학하며 평소 궁금했던 출동 시스템도 자세히 알아보는 기회를 가졌다. 체계화된 소방 시스템이 놀랍기도 하고 그들의 높은 사명감에 박수를 보내고 왔다. 119 소방차가 긴급 출동할 때 그 차에 타고 있는 소방관들의 결연한 마음이 상상이 갔다. 남들은 화재를 피하고자 나올 때 화재 현장에 들어가 인명을 구조하는 숭고한 정신은 잊지 말고 길이 기억해야 할 일이다. 소방차나 경찰 순찰차가 지나가면 더욱 관심 있게 보는 습관도 생겼다.

사고가 발생하면 내수면은 소방서가 담당하고 해수면은 해양경찰이 담당하고 있지만 소방서, 해양경찰, 경찰 모두가 합심해서 국민의 소중한 생명을 구하는 것이 급선무이다. 내수면에서 실종 사고가 발생하여도 결국 바다로 물이 흘러가기 때문에 소방서와 우리는 한배를 탄 기관이다. 육지도 마찬가지다. 경찰과 해양경찰도 경계에 서면 다 같이 협업해야 한다. MOU 체결 그 이후 우리 세 기관은 더욱 단단하게 협조도 잘하며 업무에 집중하고 있음은 물론이다.

# 전복 선박 현장에서

토요일이나 휴일에 상황실에 나가 업무를 챙기는 것이 습관이 되었다. 상황실에 들러 전날 상황을 파악하고 사무실을 나왔다. 당진파출소 다녀온 지가 오래되어서 당진파출소를 목적지로 삼았다.

평택해양경찰서는 매립지에 건물을 신축해서 주변에는 가게가 없어 포승읍에 갔다. 요즘 한우 불고기 버거가 직원들이 좋아하는 품목인지라 따뜻한 버거 10개를 사 들고 당진파출소를 향했다. 날씨는 생각보다 바람이 많이 불고 나빴다. 이런 날은 더욱 조심해야 한다. 얼른 가서 직원들에게 간식 먹일 생각으로 액셀을 밟았다.

한참을 가고 있는데 다급한 무전 소리가 들렸다. 당진파출소 관내 한진 포구 선착장에서 사고가 발생했다는 상황실과 현장 간 교신 내용이 들렸다. 가슴이 쿵 하고 내려앉았다. 인명사고였다. 사망자가 발생하지 않기를 바라면서 사고 현장으로 핸들을 돌렸다. 불과 조금 전까지도 직원들과 햄버거를 나눠 먹으며 그들과 소통하리라던 따뜻한 마음이 사라졌다.

'제발 인명사고만 발생하지 말았으면.'

그러나 나의 간절한 소망을 져버린 채 어선이 전복되어 2명 중 1명은 해양경찰이 신속하게 구조했으나 1명은 실종되고 말았다. 현장에 도착해 보니 바람이 무척 심하게 불어서 선박 계류장이 마구 흔들렸다.

'침착하자. 제일 먼저 챙길 일은?'

상황실과 현장 파출소, 구조대원들이 신속하게 현장에 도착해서 사고를 수습하게 했다.

항상 가방 속에 두고 다니는 사고 대응 매뉴얼을 보면서 혹시나 내가 챙기지 않은 것은 있는지 체크를 했다. 헬기도 동원해서 사고가 발생한 바다 위에서 실종자 수색도 병행하게 했다. 워낙 바람이 거세서 전복된 어선을 바로 세울 수가 없었다. 구조대원들이 입수해서 보니 거꾸로 전복된 어선에는 아무도 없었다.

인근 바다도 수색하며 실종자를 찾아내는 데 총력을 기울였으나 허사였다. 소방서 구조대도 합류하여 실종자 수색에 나섰다. 수중 수색하는 직원들과 동원된 직원들 모두 점심도 못 먹고 시간은 오후 4시가 넘어가고 있었다. 아까 당진파출소 직원들에게 주려고 산 버거가 모자랄 것 같아 슈퍼에서 우유 등 간식 거리를 사와서 동원된 직원들에게 늦은 점심을 먹었다. 오후 늦게 전복된 선박은 크레인을 동원해 똑바로 세웠지만 어선에는 역시나 아무도 없었다. 구조대원과 함정, 연안구조정, 인근 어선들이 실종자를 수색했지만 결국 찾지 못했다. 나는 사무실로 돌아와 상황을 지켜보았다. 저녁 늦게 물이 다 빠진 갯벌에서 실종자를 찾았다는 소식이 들어왔다.

바다에서 또 한 명의 귀중한 목숨을 잃었다. 실종자 가족은 해양경찰이 최선을 다해 구조 활동 한 것에 대해 감사의 마음을 전해왔지만 송구스러운 마음이 밀물처럼 밀려왔다. 아버지를 잃은 가족의 마음은 얼마나 아플까? 나는 30여 년 돌아가신 아버지가 생각났다. 유언 한 마디 남기지 않으시고 돌아가신 유가족에게 삼가 위로의 마음을 전했다. 바다는 언제나 두려움의 대상이다. 바람이 많이 부는 날이면 전국 해양경찰은 더욱 긴장해서 바닷가를 순찰하며 안전을 살피고 있을 것이다.

제3부

/

# 유리천장을 깬 작은 거인

# 내가 먼저 손 내밀기

"새벽에 일어나 후포 바닷가를 산책하며 아침 일출을
볼 수 있다는 것이 참으로 커다란 위안이라는 생각이
드네요. 매일 아침에 해는 뜨고.


○○○ 소장님.
생일을 진심으로 축하합니다.
어쩌면 생일이 음력이라 빠른 축하를
받는지도 모르겠습니다.
현장에 근무하는 직원들에게
저의 마음을 전하려고 시작한 일.
○○○ 소장님의 책임감 있는 업무수행으로
죽변파출소는 걱정이 없어서
늘 감사하게 생각하고 있어요.
새해를 맞이하여 복도 많이 받으시고 건강하세요.

새로 이사 간 아파트에서 행복이 가득하길 기원합니다.

2019. 1. 19 울진해양경찰서장 박경순 드림."

노란 편지지에 파란색 펜으로 꾹꾹 눌러서 직원들에게 생일 축하 편지를 썼다. 그리고 울진해양경찰서 앞에 있는 제과점에서 업무용 카드 대신 개인 카드로 3만 원짜리 케이크를 샀다. 빵집 사장님은 내가 가면 당연히 케이크를 사는 줄 아신다. 케이크를 살 때면 갓 구워낸 밤 식빵도 덤으로 주시는 인심이 후한 사장님이시다.

죽변파출소는 울진해양경찰서에서 제일 먼 곳에 있어서 걱정이 많이 되는 곳이다. 큰 사고가 나면 울진 해양경찰 구조대가 출동해서 현장으로 가는 데 많은 시간이 소요된다. 그래도 ○○○ 파출소장은 워낙 꼼꼼하게 지형을 파악하고 사고 대응을 신속하게 잘하고 있다.

해양경찰서장으로 부임해서 직원들의 마음을 조금이라도 따뜻하게 살펴주기 위해 파출소 직원들 생일을 챙겨주기로 마음먹었다. 손편지 쓰는 일은 그리 어렵지 않았다. 의외로 작은 손편지 하나에 다들 고마워해서 나는 신이 났다.

파출소 직원들은 3교대로 근무를 해서 주간에 근무하는 시간에 맞추어 생일 케이크를 내가 직접 챙기는 일은 쉽지 않았다. 서장이 불쑥 방문하는 것이 부담스러울까 봐 최대한 부담을 주지 않으려고 노력했다. 토요일에는 혼자 운전하고 파출소에 가서 슬그머니 케이크를 전달해주기도 하고 어떤 날은 2~3일 먼저 전달해주기도 했다. 그러면 직원들은 기대하지 않았는데도 더욱 열심히 일하겠다고 감사의 문자 메시지를 보내곤 했다. 감사의 문자 메시지를 받았을 때 나는 오히려 그들이 고마웠다. 남을 생각해 준다는 것은 참으로 가슴 따뜻한 일이었다. 그렇게 1년을 보냈다. 파출소를 방문할 때는 표를 만들어서 특정한 파출소에만 자주 가지 않고 골고루 방문하도록 기록했던 것이 도움이 되기도 했다. 평소 메모하는 습관의 결과이다.

어떤 때는 한꺼번에 3~4명의 생일이 몰린 적도 있지만 나는 그 일을 즐기면서 했다. 직장에서 동료들이 생일 축하 노래를 불러주며 축하해주는 일은 색다르리라.


파출소는 최일선 현장이라 여러 가지 어려운 일이 많다. 신속하게 직접 바다에 빠진 국민을 살리는 일이 그들 손에 달려 있다. 그들은 선박 사고가 나면 제일 먼저 신고받고 현장에 대응하기 때문에 늘 긴장 속에서 지낸다. 특히 추운 겨울 바다에 사고로 익수자나 사고를 수습하기 위해 긴급 출동하는 그들을 보면 안쓰럽다. 풍랑주의보 발효 시 실시했던 인명구조 훈련을 아무런 불평도 없이 열심히 해준 직원들의 노고를 높이 산다.

"서장님, 오늘 풍랑주의보가 발효 중인데 익수자 구조훈련은 강구파출소에서 하겠습니다."

경비과장의 보고를 받고 강구파출소를 목적지로 정했다. 사고는 날씨가 나쁜 날 발생하기 때문에 이런 날 적응훈련이 필요하다. 강구파출소 연안구조정을 타고 연안에서 멀리 떨어진 바다 한가운데로 전속으로 항해를 했다. 서장 주관으로 상황실, 강구파출소, 출동 중인 경비함정 모두 훈련에 참여했다.

"익수자와의 거리 5m! 인명구조요원 입수하겠음!"

파출소 잠수 직별 직원이 물속으로 들어가 미리 익수자 역할을 하는 직원을 안전하게 구조해서 연안구조정으로 승선시키고 심폐소생술을 실시했다.

"인명구조 훈련 끝! 인원, 장비 기타 이상 없음!"

나는 무전기를 통해 훈련에 참가한 직원에게 수고했다는 인사를 전했다.

"모든 세력, 날씨도 추운데 고생 많았음. 이상!"

이렇듯 출동 시간을 단축하기 위해 부단히 훈련하고 방법을 강구하는 그들의 땀이 있었기에 국민이 안심하고 바다를 즐길 수 있을 것이다. 그들이 흘리는 땀방울은 헛되지 않으리라. 그들의 노고를 알아주는 것이 지휘관의 몫이라 생각한다. 시간이 날 때마다 그들이 내게 보내주었던 문자 메시지를 찾아서 읽는 것도 요즘 나의 즐거움이 되고 있다.

# 평택 앞바다의 여성 파워!

천안에 있는 해양경찰교육원 직무교육훈련센터장을 6개월 마치고 2021년 7월 15일 평택해양경찰서장으로 발령이 났다. 이제 두 번째 경찰관서 지휘관 사명을 가지고 평택해양경찰서에 부임했다. 안타깝게도 코로나19는 모든 일상을 바꾸어 놓았다. 방역수칙을 준수하기 위해 취임식을 생략하고 대회의실에서 각 과장님과 인사하는 것으로 대신했다. 취임사는 내부망 게시판에 게시했다. 평택해양경찰서장 발령은 경정 때 근무하다 총경으로 진급했던 터라 나에게 그 의미가 컸다.

경정 근무할 때 내가 심었던 나무들이 궁금해서 가 봤더니 앵두나무, 보리수, 라일락은 잘 크고 있었으나 감나무, 목백일홍은 아쉽게도 죽어버렸다. 근무하는 곳마다 나무를 몇 그루 심곤 했는데 특히 동해지방해양경찰청 둘레길에 심은 소나무를 보면 얼마나 든든한지 모른다. 내 키보다 훨씬 커버린 소나무와 은행나무는 그동안 세월이 많이 흘렀음을 말해 주었다.

코로나19 때문에 대외 행사는 할 수 없었지만, 직원들과 소통하는 시간은 더욱 많아졌다. 대강당에서 거리 두기를 하며 계별로 진행한 도시락 미팅은 직원들을 세밀히 살피는 좋은 기회가 되었다. 아무런 형식 없이 미팅 시간을 마련해서 직원들의 애로사항에 귀를 기울이는데 시간이 생각 외로 많이 걸렸다. 임신한 여성 직원에게는 좀 더 세심하게 배려를 했다. 엄마 같은 마음이 들었다.

참석자 중에 육아 휴가를 마치고 돌아온 직원이 있어서 무척 반가웠다. 경찰서는 직원들이 정원보다 현원이 부족해서 한 명이라도 복직하는 직원이 있으면 정말 기쁜 일이다. 복직 예정일보다 일찍 출근한 여성 직원이 고마워서 그 직원이 출근하는 날 케이크를 사 들고 사무실로 올라가 동료들과 출근 환영회를 해주었다. 30여 년 전, 아들을 낳고 2개월 출산휴가(그 당시는 출산휴가가 2개월이었으며 육아휴직 생각은 아예 하지 않았다) 마치고 출근했던 일이 생각났다. 내 책상이 그대로 있다는 것, 출근할 수 있는 직장이 있다는 것이 참으로 고마웠다.

평택해양경찰서는 해양안전과장, 기획운영계장, 수사계장, 해상교통계장도 여성이고 상황실장 3명 중 1명이 여성이다. 그러고 보니 전국 어느 해양경찰서보다도 여성 간부가 많은 것 같다. 일부러 여성, 남성으로 나누려고 한 것은 아니었다. 전국에 여성 경찰관이 늘어나서 각 분야 여성 경찰관이 없는 부서가 거의 없다.

항공부서뿐 아니라 중앙특수구조단 등에도 여성 경찰관이 근무 중이다. 1986년 2명으로 시작한 여성 경찰관의 수는 놀라울 정도로 그 숫자가 늘어났다. 전체 경찰관의 10% 정도가 여성 경찰관이다. 숫자의 증가뿐만 아니라 각 분야에서 눈부신 실적도 많이 올리고 있는 것을 보면 선배로서 보람도 느낀다.

"기획운영계장, 잠시 내 사무실에 올라올래요?"
"예, 서장님."
"「자랑스러운 평택해경人」을 선발해서 직원들을 격려할
  수 있도록 한번 계획을 세워봤으면 좋겠어요."
"예, 서장님. 계획 세워서 보고드리겠습니다."

무슨 일을 지시하든지 그 본의를 잘 파악하고 곧바로 업무를 수행하는 기획운영계장 덕분에 내가 하고자 했던 일은 순조롭게 잘 이루어졌다. 혹시 내가 무리한 지시로 직원들을 힘들게 할까 봐 새로운 업무를 지시할 때는 거듭 고민하고 신중하게 내렸다. 중앙 현관에 전광판을 설치하여 직원들에게 활력있는 메시지를 전달하고, 로비에 카페를 만들어 직원들이 편히 쉴 수 있도록 했다. 「자랑스러운 평택해경人」은 모범이 되는 직원을 한 달에 한 명씩 선발하여 격려하고 언론에 홍보하여 열심히 일하고 있는 모습을 보여주었다. 칭찬은 고래도 춤추게 한다고 하지 않았던가.

서장, 해상교통계장, 직원들과 함께 추운 새벽에 낚시어선이 많이 출항하는 부두에 가서 안전관리를 위한 캠페인도 하며 구명조끼 착용 생활화를 당부하기도 했다. 선박에 사고 났을 때 구명조끼 착용으로 귀중한 생명을 구할 수 있음은 아무리 강조해도 지나치지 않다. 상활실장도 상황이 발생하면 그동안의 경험을 살려 남성 상황실장과 똑같이 상황 지휘를 잘했으며 해양안전과장도 대외 기관과의 업무를 당당하게 잘 수행하여 든든했다.

각 과에 지시한 내용을 과별로 요약, A4에 기록해서 한 달에 한 번씩 점검하고 다른 해양경찰서와 다른 해양경찰서가 되기 위해 애쓴 시간들… 거기에는 누구도 모방할 수 없는 세밀함과 책임감이 숨어있어서 가능했다. 남들이 가지고 있지 않은 점을 잘 활용하면 얼마든지 남들과 다르게 잘할 수 있음을 증명하고자 했다. 다름과 차이를 인정하자. 지금까지 내가 가지고 있는 생각이다.

# 만만치 않은 바다!

태풍은 보통 8월에서 10월 사이에 집중해서 발생한다. 태풍의 이름은 세계기상기구(WMO)에서 태풍의 영향을 받는 한국, 미국, 중국, 일본 등 14개국에서 10개씩 140개의 이름을 제출받는다. 다시 28개씩 5개로 나누어 국가명 알파벳 순서에 따라 붙인다. 2018년 9월 29일 태풍 콩웨이(캄보디아에서 제출한 동명의 산 이름)가 중심기압 1,000hPa, 최대풍속 18m/s, 강풍 반경 170km, 크기 '소형'의 열대 폭풍으로 미국 괌 서남서쪽 약 250km에서 발생했다. 이 태풍이 우리나라로 영향을 준다는 기상청 예보가 발표되었다.

태풍이 오면 챙겨야 할 일이 더욱 많아진다. 강한 바람과 폭우에 대비하여 본서 및 파출소, 출장소 건물이 바람에 잘 견딜 수 있도록 하고, 관내 어선들이 안전하게 정박해 있는지 잘 챙기도록 지시를 내리고 직접 현장을 돌아보았다. 우선 본서에서 가장 먼 죽변파출소부터 방문했다. 파출소장은 항구에 정박한 어선들의 홋줄도 확인하고 어느 선박이 어느 곳에 정박 되어 있는지 현황도까지 상세하게 그려 관리하고 있었다. 어선 정박 현황도는 유사시 매우 유용하게 사용할 수 있어서 다른 파출소도 벤치마킹하도록 했다. 물론 다른 파출소에서도 비슷한 방법으로 어선을 관리하고 있었으나 정확하게 배치도를 그려서 관리하니 시간을 조금 더 단축할 수 있을 것 같았다.

관내 점검을 모두 마치고 태풍이 무사히 지나가길 기다렸다. 그러나 상황실에서 다급하게 연락이 왔다. 강구항에서 어선 10여 척(정확한 척수를 알지 못함)이 한꺼번에 바다 쪽으로 떠내려가고 있는데 2~3명(인원도 정확히 모름)이 어선에 타고 있는 것 같다는 신고가 들어왔다는 것이다. 오십천이 끝나는 어귀에 강구항이 있는데 어민들이 태풍에 대비해서 강구항에서 멀찌감치 떨어진 오십천 하구에 어선들을 정박해 두었다. 바다에서 멀수록 안전할 것이라는 생각이었는데 갑작스러운 폭우 때문에 정반대의 현상이 일어났다. 갑자기 불어난 하천물로 어선 10여 척이 한데 묶여서 강구항으로 떠내려간 것이다.

유속이 워낙 빠르고 나뭇가지, 각종 쓰레기 등 부유물이 많아서 파출소에 있는 작은 연안구조정은 출동할 수가 없었다. 우리 서에서 가장 큰 500톤 경비함정도, 인근 서 5000톤 대형

구난함도 태풍 속을 뚫고 출동이 불가능했다. 가슴이 새까맣게 타들어 갔다. 제일 급한 것은 어선에 타고 있는 사람을 구조하는 일이었다. 그러나 어선에 사람이 타고 있는 것 같다는 것이라 어떤 어선이 유실되었는지 파악하고 선장, 선주 등이 안전한가를 알아보는 일이 제일 먼저 할 일이었다. 어선이 걱정되어 선주나 선장 등이 승선했다면 정말 큰일인 것이다.

이 태풍에 그들의 생명이 정말 위험했다. 본청과 지방해양경찰청 상황실도 사태가 워낙 위중하여 여러 차례 전화가 오고 우리 서에서도 인원 및 선박의 수를 파악하느라 애를 먹었다. 해양안전과장, 정보계장 등 직원들을 현장에 보내 정확한 유실 선박과 선박에 탄 사람이 있는지 파악하게 했다. 불행 중 다행으로 사람이 타지 않았음을 확인했으며 사고 선박의 수도 알아내고 사고 수습에 임했다.

꼬박 1박 2일 동안 전 직원을 동원해서 바닷가 부근에서 유실되거나 부서지거나 커다란 바위 위에 올라간 선박을 찾아냈으며 지방자치단체와 관련 기관에서는 어선이 전파, 부분 파손된 선주들의 구제 방법을 논의하는 등 일련의 사태수습이 진행되었다. 앞으로는 태풍 등에 대비해서 강구항보다 더 안전한 항포구로 어선들을 피항하도록 하고 오십천 폭우에 대한 대비책도 강구되었다.

긴급한 상황에 대처하는 직원들에 대한 교육도 강화하였다. 사고현장에 대한 파출소 직원들의 정확한 상황 파악 요령과 태풍 대비 관내 선박의 정확한 위치 등 미비점을 세밀히 파악하고 보완하였다. 이번 태풍으로 나와 전 직원들은 귀중한 교훈을 얻었다. 이후 지속적으로 반복훈련을 실시하여 직원들의 상황대응 역량을 높이는 데 더욱 주력하였다.

인간이 자연에 대비해서 준비한다고 해도 자연의 거대한 위력 앞에 인간이 정말 무력함을 이번 기회에 느꼈다. 우리가 더욱 적극적으로 여러 경우의 수를 대비한 노력이 필요함을 절감했다. 바다! 우리가 생각하는 것처럼 만만하지 않다. 바다는 그 변화가 무척이나 다양하고 태풍 또한 여러 형태로 온다. 지금도 그때를 생각하면 등골이 오싹해진다. 바다! 우리는 확인하고, 확인하고, 또 확인해야 한다.

# 손편지의 감동

나는 가끔 후배들이나 퇴직하신 선배님께 손편지를 쓴다. 손편지의 향수는 누구에게나 짙을 것이다.

오늘 감동 어린 선물을 하나 받았다. 손편지를 남에게 많이 보내기는 했지만, 오늘처럼 손편지를 받아보기는 처음이었다. 글자 하나하나에 정성이 가득 담긴 손편지를 막상 받아보니 '내가 보낸 편지를 받은 사람들도 이런 기분이 들었겠구나.'라는 생각이 들었다.

10여 년 전에 저 멀리 동해지방해양경찰청에서 같이 근무했던 ○○○ 직원이 보낸 편지였다. 내가 당직 서던 날 아내가 싸주었다며 슬그머니 김밥 도시락을 주고는 얼른 도망가 버린 직원이었다. 당시 아내는 공무원 시험 준비 중이고 아이가 안 생겨서 걱정이었는데 벌써 아이가 둘이고 아내는 공무원이 되었다니 정말 반가운 일이었다.

그의 편지 일부를 옮겨보았다.

"작년 말에 아파트를 이사하면서 책상 정리하다가 과장님께서 2013년도에 기획운영계장을 끝으로 발령 나시면서 그때 경무계원들 모두에게 손편지 한 통씩을 써주셨는데, 그 이후 꼭 답장해야지 해야지 하면서 마음으로만 다짐하며 이렇게 10년이라는 세월이 지난 것 같습니다. 그 편지 내용을 다시금 읽어보면서 그때의 저는 참 철이 없었다는 생각도 하고 다시 과장님을 뵌다면 훨씬 더 슬기롭게 일들을 헤쳐나갈 텐데 라는 생각을 하게 됩니다. 그래도 직장생활을 하면서 이렇게 손편지를 적어주신 상사를 얼마나 만나겠으며, 또 제가 그렇게 직접 실천할 수 있을지 또한 의문입니다."

편지 3장을 읽어보고 또 읽어보면서 얼마나 흐뭇해했는지 모른다. 편지와 함께 함민복 시인의 시집『모든 경계에는 꽃이 핀다』와 조오현 스님의『내 삶은 헛걸음』이라는 책과 취미로 찍었다는 연꽃 사진을 정성스럽게, 의미 있는 페이지에 책갈피처럼 꽂아서 보내왔다. 이런 것이 직장생활의 보람이 아닐까.

나는 하루종일 복권 맞은 사람처럼 혼자 웃으면서 보냈다. 아마 나는 힘들 때마다 이 편지를 꺼내 읽을 것이다. 그리고 다시 일어날 것이다. 함민복 시인의 '눈물은 왜 짠가'라는 의미 있는 시를 읽으면서.

갑자기 푸른 파도가 넘실대는 동해가 보고 싶어졌다. 그리고 매일 아침저녁으로 살펴보았던 동해지방해양경찰청 작은 연못과 물고기, 지금쯤 나무마다 푸른 매실이 주렁주렁 맺혀있을 청사의 매실나무가 궁금해졌다. 후문에 만들어놓은 주말농장에서 퇴근 후 상추도 심고 깻잎도 땄던 일이며 옥수수를 수확해서 직원들에게 새참으로 사무실마다 나누어주었던 일도 주마등처럼 지나갔다. 내가 청사 둘레길 양쪽에 심었던 소나무는 하늘이 보이지 않을 정도로 컸다고 한다.

둘레길을 걷다 보면 만나는 달팽이들도 기억난다. 딴생각하며 무심코 걷다가 녀석들을 밟을 때가 있어서 둘레길은 특히 발아래를 잘 살펴가며 걸어야 한다. 그 무거운 집을 등에 지고 느리게 지나가는 달팽이를 보면 생각할 것이 많아진다.

당장 전화를 한 통 걸어야겠다. 다들 잘 있냐고. 모든 것이 궁금해서 동해행 버스를 타야 할 것 같다고, 기다리라고….

# 서장 취임 100일

7월 15일 자로 제10대 평택해양경찰서장으로 발령받아 근무한 지 벌써 100일이 되었다. 돌이켜보면 정말 바쁜 나날을 보낸 것 같다. 코로나19로 인해서 정식 취임식은 하지 않았지만 정성스럽게 쓴 취임사를 직원들에게 알렸다.

첫째, 어떠한 불의에도 흔들리지 않는, 기본과 원칙에 충실한 해양경찰이 되자, 둘째, 해양업무 중심에 항상 국민이 있고 국민을 최우선하고 현장에 강한 해양경찰이 되도록 훈련과 교육을 지속적으로 실시하자, 셋째, 소통을 바탕으로 화합 단결하는, 출근하고 싶은 직장을 만들자는 내용이었다. 평택해양경찰서장으로 재임하는 동안 나는 그런 조직을 만들기 위해 최선을 다하겠다고 직원들과 약속했다.

13척의 경비함정과 5개의 파출소를 방문하면서 직원들의 애로사항을 귀담아듣고 불편한 사항이 없는지를 살폈다. 직원들은 모두 각자의 위치에서 열심히 맡은 바 임무를 잘하고 있었다. 경비함정에 직접 승선하여 우리 경비구역인 경기 남부 및 충남 북부 해상치안 현장도 꼼꼼하게 살펴보았다. 평택 당진항과 대산항 일대에는 주요 산업시설이 집중되어 있고, 대형 화물선, 유조선, 국제 여객선 등이 자주 출입하고 있어서 경비함정의 역할이 매우 중요시되고 있다. 특히 섬을 이어주는 여객선, 도선이 다니지 않는 시간에 긴급환자가 생겼을 때 경비함정은 바다의 119가 되어서 귀중한 생명을 구하는 데 일익을 담당하고 있다.

조직을 이끌어가면서 내가 중요시하는 것 중의 하나가 직원들에게 '자긍심'을 갖게 하는 일이다. 그러기 위해 매월 「자랑스러운 평택해경人」 상을 제정했으며 영광스러운 첫 주인공은 대산파출소에서 근무하는 김도현 순경이 되었다. 김 순경은 지난 8월 26일 새벽 충남 당진시 석문 방조제 앞 해상에서 실종되어 부표를 잡고 버티던 남성을 발견하여 칠흑같이 어두운 바다에 직접 뛰어들어 구조했다. 야간에 시야가 제한되고 유속이 매우 빨라서 구조가 어려운 상황에서 망설임 없이 바다에 뛰어들어 소중한 생명을 구조한 공로를 높이 샀다. 순금은 아니지만, 본인 얼굴이 들어간 금빛 상패를 만들어 수여했다. 현관 로비에 김도현 순경의 자랑스러운 모습을 공적과 함께 게시했다. 세월이 지나면서 자랑스러운 우리 직원들이 하나, 둘 늘어날 것을 상상하니 벌써부터 마음이 따뜻해진다.

　지난 10월 19일에 4분기 대규모 수난대비기본훈련을 무사히 마쳤다. 화객선 화재로 다수 환자 발생을 가정한 훈련으로 현장 출동 세력의 구조 대응력을 높이고 지방자치단체 등 관계기관과 합동훈련을 통한 협조체계를 확립하기 위한 훈련이었다. 매번 느끼지만 해상에서의 사고는 정말 예견하기 힘들 정도로 다양하게 일어날 가능성이 매우 크다. 훈련만이 살길이다. 상황실뿐만 아니라 파출소와 경비함정, 경찰서 직원 모두 긴장하며 사고에 대비한 훈련을 반복하고 있다. 이제 풍랑주의보가 자주 발효되는 추운 겨울로 계절이 바뀌고 있다. 바다의 상황은 더욱 나빠질 것이다. 어떠한 상황이 되더라도 국민의 귀중한 생명과 재산을 보호하기 위해 해양경찰은 혼신의 힘을 기울여야 한다.

　우리 평택해양경찰서는 이제 개서한 지 10년이 지났지만 앞으로 100년을 바라보며 새로운 도약을 준비하고 있다. 평택해양경찰서가 역사의 중심이 될 수 있도록 우리 직원 하나하나가 각자 역할을 잘해 내리라 믿는다. 국민이 어려울 때 제일 먼저 찾아올 수 있는 평택해양경찰서가 되기 위해 온 정성을 다해 하루를 열 것이다. 오늘도 바다에는 바람이 몹시 세차게 분다. 그래도 해양경찰은 더 힘차게 바다를 향해 거침없는 항해를 계속할 것이다.

# 음악으로 다함께 차차차

나는 보통 사람보다 새끼손가락이 유난히 짧다. 얼마 전 발가락이 아파 병원에 갔다가 새끼손가락도 한번 봐달라고 의사 선생님께 여쭤보았더니 아무 이상은 없다고 했다. X레이를 통해 본 내 손가락은 참 신기했다. 늘 궁금했었는데 이제 속이 시원했다. 타이프를 치거나 살아가는 데 불편함이 없었으나 손가락을 쓰는 악기를 배우기는 어려웠다. 매번 기타, 피아노 등 악기를 배우려고 시도하다가 중도 포기를 서너 번 했다. 아주 어렸을 때 들은 이야기로는 외할머니도 나처럼 새끼손가락이 짧았다고 한다.

지방 근무를 하다 보니 퇴근 후 여유가 있어서 무엇을 해야 시간을 유익하게 보낼 수 있을까 생각하다가 음악 동아리를 구성하여 활동하기로 했다.

동료 강사를 구하는 일이 우선이었다. 다행히 해양오염방제과 직원이 선뜻 재능기부를 하겠다고 해서 기타 동아리를 구성하였다. 아울러 전문 기타 강사도 소개를 받아 매주 수요일 기타 연습을 했다. 역시 짧은 손가락 때문에 코드가 잘 잡히지 않았다. 그래도 그게 문제가 되랴! 손가락 끝이 부르트도록 연습을 했다.

네 손가락 천재 피아니스트 희야 씨가 생각났다. 희야 씨는 태어날 때부터 손가락이 네 개뿐이었지만 희야 씨와 어머니의 피나는 노력으로 유명한 피아니스트가 되지 않았던가? 하루에 10시간씩 5년을 연습한 끝에 쇼팽의 '즉흥 환상곡' 연주에 성공했다고 하니 놀라운 기적이 아닐 수 없다. 열정과 노력은 그 누구도 막을 수 없다.

나는 작은 꿈을 안고 퇴근 후 혼자서 기타 연습을 거듭했다. 그러나 아무리 연습해도 실력이 늘지 않았다. 짧은 새끼손가락이 필요한 코드는 소리가 잘 나지 않았다. 너무 어려운 악기를 택한 것은 아닐까? 실력은 아주 눈곱만큼씩 늘어났다. '홀로 아리랑'과 '나는 행복한 사람'을 겨우겨우 연주할 수 있었다.


무더운 여름날 저녁 우연히 동해 전천강을 걷고 있는데 어디서 기타 소리가 들려왔다. 소리 나는 쪽으로 걸어가 보니 삼척시에서 활동하는 〈벼리 통기타 동호회〉 음악회가 진행 중이었다. 하늘에 별이 총총하고 가끔 풀벌레 소리도 들리는 강가 넓은 잔디밭에서의 기타 소리는 듣기가 좋았다. 자세히 무대를 바라보니 우리 직원이 있지 않은가! 나는 아는 체를 하고 디욱 신나게 박자를 맞추며 여름밤의 음악회를 즐겼다. '보릿고개'를 맛깔나게 연주하며 노래를 부르는 모습이 무척이나 보기 좋았으며 부럽기도 했다. 나도 언제쯤 저런 연주가 가능할까?

어느덧 연말이 왔다. 생각 같아선 우리 동호회가 멋지게 강당에서 공연하고 싶은 마음이 생겼으나 그것은 욕심이었다.

"우리 직원들에게 의미 있는 송년회가 되는 방법이 있을까요?"
"계장님, 송년 음악회를 했으면 해요."
"○○○ 경위가 활동하는 동호회를 초청하고, ○○○ 과장님의 색소폰, 그리고 계장님께서 시 낭송도 하시면 근사한 송년 음악회가 될 것 같은데요."

1년 동안 열심히 일한 직원들에게 음악으로 힐링하는 시간을 주고 싶었던 내 마음이랑 들어맞았다.
〈직원들과 함께하는 힐링 콘서트〉라는 플래카드를 강당에 커다랗게 붙였다. 삼척시에서 활동하는 〈두타문학회〉 ○○○ 시인도 초청해서 자작시 2편 낭송을 부탁드렸더니 흔쾌히 승낙했다.

시와 음악이 있는 힐링 콘서트는 기대보다 더 성공적이었다. ㅇㅇㅇ 과장님의 가슴을 울리는 색소폰 연주도 직원들에게 많은 박수를 받았다. 과장님은 평소에 전혀 악기에 대해 말씀을 하시지 않았는데 그렇게 잘하실 줄 몰랐다. 과장님의 겸손함도 같이 배울 수 있는 좋은 기회였다. 기타 반주를 배경으로 하여 나의 자작시 '학암포 연가'와 '그대에게'도 직원들에게 들려주었다. 지금 생각하면 잘하지 못하는 실력으로 용감하게 무대에 올라간 내 자신이 부끄럽다.

삼척 〈벼리 통기타 동호회〉의 멋진 연주와 노래는 1년 동안 수고한 직원들의 마음을 어루만져 주었다. 내가 좋아하는 노래인 '보릿고개'는 많은 이의 심금을 울렸다. 그 노래는 언제 들어도 가슴이 뭉클했다. 그렇게 또 한 해가 지나가고 있었다. 그러나 나의 '홀로 아리랑'은 아직도 그곳에 머물러 있다. 언젠가 멋지게 기타를 치면서 노래하는 날이 오리라.

# 나 자신을 스스로 알리다

본청에서 근무하다가 일선 경찰서 과장을 하겠다고 지원한 것은 의외의 선택이었다.

나에게는 핸디캡이 있다. 그것은 본청에서 너무 오랫동안 근무한 탓에 일선 경찰서 경험이 많지 않다는 것이다. 현장 근무 경험이 없는 것이 다음 진급 시 장애가 될 수 있다는 생각이 강하게 들었다. 희망지 조사할 때 과감하게 경감 때 경비함정 부장으로 근무했던 '태안해양경찰서'를 지원했다. 집을 떠나 지방으로 가는 것이 내내 마음에 걸렸지만, 다행히 나의 결정에 다들 힘을 실어 주었다. 총경으로 진급하려면 본청에 있어야 하는데 왜 일부러 지방을 가느냐고 말리는 분도 계셨다. 그러나 현장을 모르면 나중에 지휘관이 되어 어떻게 하겠냐는 생각에는 변함이 없었다.

짐을 챙겨서 태안으로 내려왔다. 혼자 사는 살림도 있어야 할 것은 다 있어야 했다. 비록 나는 태안에 있었지만, 딸은 평택에서 근무하고 아들하고 남편 둘이 생활을 잘해서 안심이 되었다. 아내가 없는 생활은 어떠할까? 바쁜 나는 한 달에 한 번 정도 인천집에 다녀왔다. 태풍이라도 올라오면 그것마저도 쉽지 않았다. 남편은 나 없이도 아들을 잘 챙겼다. 화초도 잘 키우고 반찬도 잘 해 먹고 있었다.

"오늘 무슨 반찬 해 먹었어요?"
"김치 돼지갈비찜. 아들이 맛있다고 잘 먹던데."
"아이고. 나도 진짜 먹고 싶네. 다음 달 인천 가면 김치
돼지갈비찜 한번 해주지."
"그럼. 오기만 해."
"아마 다음 달 첫 번째 주 금요일 저녁에 갈 것 같아요."
"알았어. 맛있게 해 놓을 테니 조심해서 와."

내가 밥맛이 없다고 하면 사골을 사다 푹 고아서 보온통 2~3개에 가득 담아서 내려오는 남편은 나에게는 돌아가신 엄마처럼 따뜻해서 좋았다. 그의 전폭적인 지지 덕분에 집안일 걱정하지 않고 직장에 매진할 수 있었다.

일요일에 파출소 등 현장에 가면 열심히 일하는 직원들의 모습을 사진 찍어서 용감하게 해양경찰청장님께 안부 겸 소식을

전하며 태안해양경찰서 직원들이 업무를 열심히 하고 있음을 알렸다. 이렇게 작은 지방에서 열심히 일하고 있음을 어떻게 본 청에서 알 수 있으랴. 나는 정기적으로 태안해양경찰서 소식을 안부와 함께 전했다.

태안해양경찰서 내 사무실은 2층에 있어서 4계절을 관측하기에 정말 좋은 위치였다. 태안은 튤립 축제가 매우 유명한데 봄이면 경찰서 뜨락에 심은 튤립이 매우 아름답게 피었다. 색색의 빛깔이 동화 나라에 온 것 같은 착각을 하게 했다. 가을날 감이 주렁주렁 열린 감나무와 바람이 불 때마다 떨어지는 은행잎은 한 폭의 그림 같았다. 특히 겨울 까치밥으로 남겨 놓은 홍시 위로 쌓이는 눈을 바라보는 것은 커다란 행복이었다. 사무실 같은 자리에서 4계절이 변화하는 풍경을 찍어 보았다. 제주도 두모악 갤러리의 '김영갑' 사진작가처럼 말이다.

더위가 한창인 8월 피서철에 해양경찰청장님이 태안해양경찰서 관내 만리포 해수욕장을 방문하셨다. 브리핑은 안전관리 주체인 태안군 미래안전정책실장이 하였는데 브리핑 중 태안해양경찰서 해양안전과장의 적극적인 협조 때문에 안전관리가 잘되고 있다고 이야기하는 바람에 민망하기도 했지만 한편 고맙기도 했다. 그때 내 생각은 서로 협업하지 않으면 사고 없는 안전한 바다가 될 수 없다는 것이었다.

　"실장님! 여기 만리포 해수욕장은 이상 없어요. 저는 천
　리포 갔다가 백리포로 갑니다."
　"과장님! 여기 학암포 해수욕장도 이상 없어요. 오늘 해
　수욕객은 많지 않네요. 수고하시구요."

　여름이 다 가도록 해수욕장 순찰은 계속되었고 얼굴과 팔,
다리는 새까맣게 다 탔지만 현장을 다니면서 내 업무에 대한
자부심은 더 없이 커져갔다. 그리고 꾸준히 현장에서 느낀 점과
열심히 안전관리하는 모습을 보고 드렸다. 내가 한 일을 스스
로 알리는 것이 최선이라고 생각했다. 그것들이 총경으로 진급
할 수 있게 하는 작은 원동력이 아니었나 하는 생각이 든다. 내
인생의 주인공은 바로 나다. 그 누구도 대신해 줄 수 없다. 내가
스스로 내 앞길을 헤쳐나가야 한다. 오늘도 그것을 보여주고 싶
었다.

# 퇴임식 같은 이임식

나에게는 올 것 같지 않은 그 날이 밝았다. 2022년 1월 7일 자로 공로연수 발령이 났다. 다른 날과 똑같이 새벽에 일어나 평택에 있는 산책길을 1시간 걸었다. 새벽 산책은 내 사유의 원천이다. 우유에 바나나와 블루베리를 넣고 갈아서 간단하게 아침을 먹었다. 오늘 할 일은 이임식을 하고 후임 해양경찰서장에게 지휘관 표지장을 건네주며 직접 업무 인수인계를 하고 정들었던 평택해양경찰서를 떠나는 일이다.

아침 출근길, 벌써부터 가슴이 여리게 저려왔다. 이 이별의 순간이 제일 싫다. 그동안 인사발령을 받아 수많은 부서를 다니며 사람들과 만나고 이별하기를 얼마나 해왔던가! 그러나 이번 이별은 더 특별했다. 정들었던 직원들과의 이별. 평택해양경찰서를 끝으로 나의 공직생활을 마감하는 것이라 그런 생각이 더욱 들었다.

로비에 들어서니 내가 공을 들여 만든 카페가 보였다. 직원들이 편안하게 쉴 수 있는 공간이 없음을 안타까이 여겨 현관 로비 빈 공간을 이용해서 작년 연말에 만들었다. 여기에서 직원들과 소통하며 지내려고 했었는데 그것을 제대로 하지 못하고 떠나는 것이 못내 아쉬웠다. 그 일은 다음 서장님의 몫으로 남겨두었다. 마음 따뜻한 지휘관이 되기 위해 나름대로 노력했는데 직원들이 어떻게 느꼈는지 모르겠다.

출근 후 서장실에서 마지막으로 과장들과 차 한잔을 마시고 10시에 5층 강당으로 올라갔다. 〈석별 제10대 박경순 평택해양경찰서장 이임식〉 현수막이 걸려있다. 그 아래 내 얼굴이 들어간 현수막이 또 하나 걸려있다. "박경순 서장님의 새로운 출발을 응원합니다." 코로나19 방역수칙을 준수하느라 주요 계장과 과장만이 거리두기를 하며 몇 칸씩 띄어서 자리에 앉아있다. 이임식을 준비했을 직원들의 마음이 고마웠다. 여경 후배들은 나 보고 꽃길만 걸으라고 예쁜 운동화를 가지고 나와 나에게 신겨주었다. 감동의 순간이었다. 그들의 바람대로 꽃길만 걸을 수 있을 것만 같았다.

기획운영계 직원의 송별사를 들으니 마음이 울컥했는데 그다음 이임사를 읽으려고 하니 목이 메어서 말을 못 하고 한동안 숨을 크게 내쉬어야 했다. 직원들이 보내는 격려의 박수 소리를 들고 힘을 내어 이임사를 읽기 시작했다. 이임사를 마치고 '내가 만난 사람은 모두 아름다웠다'라는 이기철 시인의 시를 낭송하는 것으로 이임식을 마쳤다.

시 낭송은 내가 가끔 직원들을 위해 해주곤 했는데 그날 낭송한 이 시는 지금 내 마음을 그대로 표현한 것 같았다. 같이 근무할 때 직원들에게 좀 더 잘해 줄 것을 하는 아쉬움이 제일 컸다. 나의 말 한마디로 상처를 받았을지도 모를 직원들에게 미안한 마음이 들었다. 현관에 배웅나온 직원들과 마지막 기념사진을 찍으며 석별의 정을 나누었다.

그렇게 이임식을 무사히 마치고 가족이 있는 인천으로 떠났다. 이제 인천을 떠날 일은 아마 없을 것이다.

돌이켜보면 오랫동안 인천을 떠나 있었다. 경감 때 태안해양경찰서 1507함 1년, 경정으로 진급해서 동해지방해양경찰청 기획운영계장 2년, 태안해양경찰서 해양안전과장 2년, 평택해양경찰서 해양안전과장 8개월, 동해지방해양경찰청 기획운영과장 1년, 울진해양경찰서장 1년, 천안직무센터장 7개월, 평택해양경찰서장 7개월을 지방에서 지냈다. 그래도 가정과 직장생활을 잘 마칠 수 있었던 것은 늘 소리 없이 내 뒤에서 나를 응원해준 남편 덕분이다. 그 긴 시간을 기다려준 그가 있었기에 가능한 일이라 생각한다.

이제 나는 푸른 제복을 영원히 잊지 못할 것이다. 그 옷에는 내가 해양경찰을 사랑한 마음이 고스란히 들어있고 내 젊음을 포함한 모든 것이 다 들어있기 때문이다. 언제 또다시 이 푸른 제복을 입을 날이 있을까? 그날을 기다린다. 그 후 공로연수가 끝나는 6월 30일 전날, 직원들에게 보내는 마지막 편지를 사내 게시판에 게시하면서 아쉬운 정을 나눴다.

## 내가 만난 사람은 모두 아름다웠다
– 정년퇴임에 즈음하여 –

어딜 보아도 신록이 아름다운 계절입니다.
창문을 두드리며 내리는 비가 오늘은 무척 반갑습니다.
저는 겨우 세 평 짜리 주말 텃밭을 분양받고서야
더욱 더 비의 소중함을 알았습니다.
이제 하룻밤만 자면 저는 정든 푸른 제복을 벗고
해양경찰을 떠납니다.

스물넷, 부평 경찰종합학교에서 신임 순경 교육을 받던 때가 엊그제 같았는데 36년 2개월이 쏜살처럼 흘러갔습니다.
그리고 이렇게 정년퇴임을 맞게 되었습니다.
돌아보면 모두가 그립고 소중한 시간이었습니다.

힘들고 어려운 적도 많았지만 무사히 공직생활을 마치고
이렇게 여러분께 인사를 드릴 수 있음에 감사드립니다.


'내가 만난 사람은 모두 아름다웠다'라는 시인의 시구처럼 제
가 만난 사람을 모두 아름답게 기억하겠습니다.
이제 나이가 들더라도
한 분 한 분 잊지 않고 그리워하겠습니다.
참으로 많이 도와주심에 감사드리며
언제 어디서 만나더라도 두 손 마주 잡고 따뜻한 차라도 마시
고 싶습니다.


여러분의 건강과 행복한 나날을 기원합니다.
그리고 해양경찰이 더욱 발전할 수 있도록 힘껏 응원하겠습
니다.


2022. 6. 29

총경 박경순 드림

제4부

/

# 세 마리 토끼를 잡다

# 꿈에 그리던 대학원

행정학 박사 과정은 동해지방해양경찰청 근무를 마치고 본청에서 근무했던 2013년 가을 학기에 입학했다. 지금이 아니면 다시는 공부할 기회가 없을 것 같아 큰 결심을 했다. 드디어 박사 과정 면접을 마치고 합격 통지를 받으니 만감이 교차했다.

박사는 이다음 퇴직하면 대학교에서 강의할 기회가 올지도 모른다는 생각에 시작했다. 새로운 것을 배우는 일은 언제나 신이 났다.

바쁜 업무를 끝내고 저녁에 대학원에 가는 일은 쉽지 않았다. 출장이라도 갈 일이 있으면 늦게 참석하거나 결석하기도 하고 과제가 많아서 토요일, 일요일은 도서관에서 하루를 보내곤 했다.

학과 공부 중 제일 힘들었던 것은 통계학이었다. 통계학 수업을 듣고 온 날은 가슴이 답답했다. 그래도 포기하지 않고 동기들에게 물어보기도 하고 별도로 통계학 책을 구입해 공부해서 졸업시험을 무사히 통과할 수 있었다. 대학원 여성 동기인 박정

숙 씨는 늘 나에게 학기 초부터 수강 신청 방법, 졸업시험 준비하는 방법 등 내가 어려움을 겪지 않도록 곁에서 도와주고 용기를 주었다. 나와 동갑인 그녀를 만난 것은 나에게 커다란 행운이었다. 그렇지 않았다면 대학원 졸업하는 데 더 많은 기간이 소요되었을 것이다.

2학기부터 본격적으로 지도교수님을 정하고 논문 제목을 정해야 했는데 생각 외로 힘이 들었다. 당시 해양경찰청이 해양안전본부로 조직이 개편되어서, 나는 논문을 해양안전본부가 해양경찰청으로 다시 환원되어야 한다는 내용을 주제로 정했다. 정부조직법은 물론, 해양경찰청이 해방 이후 조직이 어떻게 개편되었는지 자료를 찾는 데 온 힘을 기울였다. 그동안 해양경찰청 조직의 소속이 내무부, 상공부, 해양수산부, 국토해양부 등 여러 차례 바뀌었다. 지방 근무하는 동안은 유선이나 전자메일을 통해서 김영민 지도교수님의 지도를 받았다.

마침내 해양경찰이 제 역할을 하려면 예전처럼 '해양경찰청'으로 조직이 개편되어야 하는 것으로 논문이 거의 완성되었다. 그러나 문재인 정부 들어 2017년 8월 해양경비안전본부가 해양경찰청으로 환원되자 그동안 내가 공들여 썼던 논문은 더 이상 쓸 수가 없게 되었다. 조직이 제자리를 찾아 기쁘기도 했지만, 논문은 다시 원점에서 시작해야만 했다.

휴가를 내서 교수님을 찾아뵙고 논문 주제를 의논한 끝에 새롭게 다시 시작하는 것보다 그동안 연구한 내용을 조금이라도 사용할 수 있도록 해양경찰청의 기능과 조직에 대한 것을 주제로 하기로 했다.

두 학기를 휴학하고 새로운 논문 자료를 조사했다. 그리고 다시 대학원에 복학해서 논문 지도를 받았다. 목차를 정하는 데도 시간이 오래 걸렸으며 선행 연구 작성 또한 쉽지 않았다. 그동안 해양경찰에 관한 논문은 많았지만, 조직과 기능을 외국과 비교해서 연구한 사례는 거의 없어 그 점에 착안해서 일본 해상보안청과의 비교를 논문의 핵심으로 삼았다.

울진해양경찰서장 재직 중에는 퇴근해서 울진 후포에 있는 도서관에서 밤 10시까지 공부했다. 도서관이 사고 발생 시에도 5분 만에 울진해양경찰서에 도착할 만큼 가까운 거리에 있어 이상이 없었다. 야간에 공부하다가 울진해양경찰서에 다시 들어간 일은 딱 한 번 있었다. 작은 마을이라 일요일에 가서 공부하면 서장이 도서관에 갔다는 사실을 직원들이 금방 알아버렸다. 도서관에서는 집중해서 논문을 쓸 수 있었다.


드디어 논문 초고가 완성되어 교수님께 책으로 제본해서 보내드렸다. 워낙 교수님이 꼼꼼하시고 책임감이 있으신 분이라 빨간색 펜으로 첨삭도 해주고 다시 검토할 부분은 표시를 해주셨다. 그렇게 해서 논문이 완성되고 2회에 걸친 논문 심사도 잘 통과되어 2019년 8월 23일 꿈에 그리던 박사 학위를 받았다. 대학원 등록하고 6년 만이었다.

　2019년 7월 1년간 울진해양경찰서장 임기를 마치고 인천에 있는 중부지방해양경찰청 기획운영과장으로 발령이 났다. 박사 학위 받던 날 중부지방해양경찰청장님께서 보내주신 축하 꽃바구니도 받고 남편과 아들, 직원들, 그리고 가장 친한 친구 미경이, 같이 문학 활동을 한 내항문학 회장님, 사무국장님도 졸업식에 참석하여 축하해주었다. 정년을 3년 남기고 받은 행정학 박사 학위인지라 나에게 커다란 의미가 있었다. 비록 이 박사 학위가 얼마나 쓰일지는 알 수 없지만 내가 목표한 대로 나는 박사가 된 것이다.

　너무 힘들어서 중간에 포기할까 수없이 생각했지만, 그때마다 옆에서 용기를 주며 많은 도움을 준 동기와 부족한 논문을 끊임없이 지도해주신 지도교수님에 대한 감사한 마음을 어찌 다할 수 있을까? 그 이후 박사 과정을 준비하는 사람들에게 나는 친절하게 학위 논문 취득 방법 등을 자세히 알려 주었다. 절대 포기하지 말고 끝까지 준비해서 꼭 박사 학위를 취득하라고 말이다.

　어쩌면 논문도 못 쓰고 박사 과정 수료로 끝났을지도 모를 공부가 열매를 맺고야 말았다. 박 박사! 결국 내가 또 해냈다.

# 네 번째 시집

드디어 네 번째 시집을 발간했다. 첫 번째 시집『새는 앉아 또 하나의 詩를 쓰고』(1996년), 두 번째 시집『이제 창문 내는 일만 남았다』(2002년), 세 번째 시집『바다에 남겨 놓은 것들』(2011년)에 이어 8년 만에 나오는 시집이었다.

이번 시집은 꾸준히 인천문단과 내항문학 등 문학지를 통해 발표한 작품과 울진해양경찰서장으로 근무했을 때 썼던 작품을 정리해 엮은 것이다. 이 네 번째 시집이 내 인생의 마지막 시집이라 생각하고 정성을 다해 작품을 고치고 또 고쳤다. 작품을 모아보니 90편이 넘었다. 마음에 들지 않는 작품은 과감히 버리고 작품을 추려 총 66편을 가려냈다. 울진 후포항의 아름다움을 소재로 쓴 시도 제법 많아서 한 장으로 구성하기도 했다. 태안에서 근무할 때 쓴 시도 '태안연가(戀歌)'라는 연작시로 모아 보았다.

이제 출판사를 정하는 일이 남았다. 전철을 타고 서울에 있는 대형 서점에 가서 출판사 별로 나온 시집을 찾아보았다. 시중에 많이 알려진 몇 군데의 출판사와 내가 아는 지인이 하는 출판사 등 후보군을 추렸다. 대부분 출판사에 작품을 보내 심사하고 결정하는 데 2~3개월의 시간이 소요되었다. 올해 인천문화재단에서 받는 지원금으로 시집을 출간하는 것이라 시일이 많이 소요되면 어렵기 때문에 서둘러야 했다.

내가 아는 시인이 경영하는 출판사로 결정하고 나니 의외로 일이 빨리 진행되었다. 7월에 출판사를 정하고 작품 정리해서 원고 넘기니 다행스럽게도 9월 말경에 책이 나왔다. 표지 글씨체, 표지 색깔, 제본도 마음에 들었다. 어쩌면 내 인생에 마지막이 될지도 모를 시집이 세상에 빛을 보게 되었다. 시집 제목은 '그 바다에 가면'으로 정했다. 나는 뼛속까지 해양경찰이다.

그 바다에 가면 / 내 잊혀졌던 유년의 꿈도 / 찾을 수 있고 // 그 바다에 가면 / 만나지 못해 애태우던 / 당신을 만날 수 있고 // 그 바다에 가면 / 흩어지는 생각 / 모을 수 있고 // 그 바다에 가면 / 내 존재의 이유도 / 깨달을 수 있고 // 그 바다에 가면 / 내가 살릴 수 있는 / 귀중한 생명이 있다 // 그 바다에 가면 / 나는 또 다른 내가 되어 / 다시 태어난다 //

「그 바다에 가면」(시집 「그 바다에 가면」中)

내 삶이 고스란히 들어있는 시집을 읽는 것은 나만의 즐거움이었다. 새벽마다 울진 후포 앞바다를 산책하면서 들었던 음악과 하늘의 별은 아직도 생생하다. 매일 아침 멋진 일출은 시심(詩心)을 일으키기에 충분했다. 해가 있으면 있는 대로, 없으면 없는 대로 감동은 항상 컸다.

매일 아무도 없는 깜깜한 새벽 바닷가를 산책할 수 있어서 좋았다. 무엇보다도 바다의 기상을 직접 살필 수 있어서 해상 업무에도 많은 도움이 되었다. 그렇게 울진해양경찰서장 임무를 아무 사고 없이 잘 마칠 수 있었던 것도 나에게는 커다란 행복이었다. 그리고 시상이 떠오르면 잠시 멈춰서 핸드폰에 메모하고 시 낭송 연습을 하며 1년을 보냈다. 네 번째 시집에는 그런 나의 생활이 담겨 있다. 지금도 '울진 후포' 하면 아련한 그리움이 밀려온다.


시집을 발간하고 나니 조금 욕심이 났다. 그동안 보고 싶었던 사람들을 시집 출판기념회에 초대하여 작은 만남을 가지면 어떨까 하는 생각이 났다. 생각은 곧바로 실행에 옮겨졌다. 지금 하지 않으면 이다음 후회할 것 같았다.

드디어 2020년 11월 9일 토요일 오후, 회의실을 빌려서 정(情)이 담뿍 담긴 출판기념회를 열었다. 작은 꽃병 10개에다 가을 국화를 한 송이씩 담아서 테이블마다 놓았더니 제법 가을 분위기가 났다. 떡과 음료도 준비했다. 호텔에서 개최하여 음식도 대접하고 싶은 생각이 들었지만 초대되어 오시는 분들이 부담을 느낄 것 같아 호텔 계획을 접었다. 그동안 보고 싶었던 여고 동창생들과 내항문학 동인, 직장 동료, 여경 동기와 선배님 등 80여 명이 참석했다. 많은 사람을 초대하기에 장소가 너무 좁았다. 내가 그동안 경찰관과 시인으로 살아온 시간을 동영상으로 제작하여 상영하고 자작시 낭송, 축시 낭송, 덕담도 나누니 1시간 30분이 후딱 지나갔다.

존경하는 직장 상사인 중부지방해양경찰청장님께서도 직접 오셔서 '창포에서 보내는 봄 편지'라는 시도 멋지게 낭독해 주셨다. 내가 주인공이 되어서 정성껏 이야기도 나누니 꿈만 같았다.

일출 등 바다를 배경으로 직접 찍은 사진에다 내 시를 써넣은 액자를 13개 만들어 로비에 전시했더니 로비가 꽉 찬 느낌이었다. 그것으로 내년도 달력을 만들어서 오신 손님께 선물로 드렸더니 무척 좋아하셨다. 그렇게 나의 시집 출판기념회는 멋지게 마쳤다. 무슨 일이 있을 때마다 본인 일처럼 기뻐해 주고 어려울 때 용기도 주며 나를 기억해 주고 응원해주시는 고마운 사람들. 정말 멋진 하루였다.

# 어느새 어른이 된 아이들

2021년 4월 17일이 드디어 왔다. 딸 지윤이 결혼식이 있는 날이다. 오늘이 안 올 줄 알았다.

잠을 이룰 수가 없었다. 밤새 뒤척이다 밤을 하얗게 새웠다. 11시까지 결혼식장 메이크업실로 가야 했다. 일기예보에서는 벼락을 동반한 비바람이 분다고 했지만, 다행히 비는 오지 않고 하늘만 잔뜩 흐렸다. 내가 결혼했던 날도 비가 밤새도록 많이 내렸다. 그런데 아침이 되자 하늘이 활짝 개어서 얼마나 좋아했던가! 그게 벌써 35년 전이라니!

남편과 같이 결혼식장 메이크업실에 도착하니 사람들로 붐볐다. 다행인 것은 코로나19 거리두기 지침이 2.5단계로 상향되지 않아 식장과 식당에 각각 백 명씩은 참석할 수 있었다. 벌써 안사돈은 일찍 오셔서 메이크업을 끝내고 머리 손질을 하고 있었다. 반갑게 두 손을 잡고 인사를 나누었다. 상견례 이후 두 번째 만남이어서 그런지 더욱 친근감이 느껴졌다.

남의 결혼식은 많이 다녀봤지만, 막상 신부 엄마가 되어서 결혼식을 준비해보니 챙길 것도 많고 복잡했다. 제일 어려운 일은 청첩장 보내는 일이었다. 특히 퇴직하신 선배님께 알리는 일은 부담이 될까 봐 고민이 많이 되었다. 퇴직해서 제일 무서운 것이 청첩장이라는 소리를 들은 적이 있었기 때문이다. 특히, 코로나19가 유행이어서 결혼식에 참석해달라는 이야기도 하기가 어려웠다. 결혼식장은 딱 100명만이 입장할 수 있고, 뷔페도 100명 이상은 들어갈 수 없어 한 명이 먹고 나와야 다음 사람이 들어갈 수 있었다.

　두 번째로 어려운 일이 사돈과 처음 만나는 상견례 행사였다. 사위 최국환 군의 고향이 경남 고성인지라 사돈을 올라오시라고 하기가 어려워서 우리가 내려가는 것으로 결정했다. 상견례 장소는 통영으로 정해서 상견례를 마치고 통영 여행을 하기로 했다.
　안사돈이 딸 지윤이를 매우 예뻐하는 모습을 보니 마음이 놓였다. 아무것도 할 줄 모르는데 시집가서 잘 살 수 있을까 걱정도 많이 되었다. 벌써 딸이 시집간 것 같아 내내 서운한 마음이 들었다.
　양가 모두 애들 어릴 때 이야기까지 편안하게 나누니 2시간이 금방 지나갔다. 상견례를 잘 끝내고 다음 날은 박경리 토지문학관도 방문하며 오랜만에 가족 여행으로 아름다운 추억을 남겼다.

　주례가 없는 것이 요즘 결혼식 추세인지라 신부 엄마인 내가 '딸에게 보내는 편지'를 읽는 것으로 대신했다. 딸에게 진지하게 편지를 써 본 적이 언제였을까? 편지 쓰면서 지난날을 회상해 보니 딸에게 못 해주었던 일만 생각났다.

　먼저 하객들에게 인사를 하려고 하는데 울음이 나올 것 같아 억지로 참았다. 딸을 낳고 미역국을 먹는데 돌아가신 엄마 생각이 나서 혼자 엉엉 운 생각도 났고 그 짧은 순간 딸아이와의 추억들이 주마등처럼 지나갔다. 7개월이 되었을 때 밥풀처럼 나온 첫 이를 보고 무척 기뻤던 일도 생각났다. 딸은 서운한 나의 마음을 아는지 모르는지 결혼식 내내 하얀 보조개가 쏘옥 들어가도록 웃기만 했다. 하객들에 대한 인사까지 잘 마치고 연단을 내려왔다. 그렇게 결혼식을 끝내고 집으로 돌아왔다.

　이 세상에 태어나서 어른이 되고, 그 어른이 사랑하는 사람을 만나서 결혼을 하고, 그리고 아이를 낳고. 이 얼마나 숭고한 일인가를 딸아이를 보내면서 절감했다. 사랑하는 사람을 만나서 우리와 가장 닮은 2세를 남기고 우리는 이 세상을 떠나갈 것이다. 그렇게 인류의 역사는 반복될 것이다.

　그리고 1년 뒤 4월 2일 아들도 결혼했다. 이제 사위도 생기고 며느리도 생기면서 우리 가족이 6명으로 늘어났다. 언제 보아도

착하고 아름다운 우리 사위와 며느리. 나는 이제 두 다리 쭈욱 뻗고 잠을 마음 편히 잘 수 있다. 주례사 대신 읽었던 "아들에게 보내는 편지"를 옮겨본다.

이제 한 가정의 남편이 된 우리 아들 성현아.
결혼식 날짜를 잡고 하나씩 준비하는 너를 곁에서 지켜보는 엄마의 마음은 한편으로는 대견하고 한편으로는 서운한 나날이었단다.
어려서부터 유독 정이 많은 너는 엄마에게 커다란 힘이 되었어. 비라도 내리는 저녁이면 꼭 전화를 걸어 "엄마, 운전 조심해서 오세요."라는 너의 목소리가 아직도 귀에 들리는 것 같구나.

태안, 동해, 울진 등 지방 근무하는 엄마 때문에 따뜻한 보살핌도 제대로 못 받은 것이 이 시간 못내 아쉽고 미안하기 그지없구나. 함정 근무하느라 군대 가는 너의 모습도 못 보고 아빠, 누나랑 갔던 일도 생각나는구나.
그래도 불평도 한마디 하지 않고 잘 커서 이렇게 한 가정의 가장이 된다고 하니 그저 든든하고 자랑스럽구나. 그리고 이렇게 아름답게 빛나는 아영이를 만나 오늘 부부의 인연을 맺으니 내 인생의 최고의 선물을 받았다는 생각이 든다.

오늘 우리 부부의 딸이자 며느리인 아영아.
어느 날 성현이 방에 들어갔다가 우연히 아영이 네가 성
현이에게 보낸 선물을 본 적이 있었단다. 레모나라는 비
타민이 들어있는 깡통에 그 많은 레모나 스틱 하나하나
에 아영이 너의 정성 어린 메모가 적혀있는 것을 보고 깜
짝 놀랐단다. 너의 사랑스러운 마음을 보고 나는 얼마나
흐뭇했는지 아니?

너에게 바라는 것은 오직 하나 성현이와 둘이서 알콩달
콩 살면서 기쁠 때 같이 기뻐하고 슬플 때 같이 슬퍼하
며 위로가 되는, 최고의 친구이자 최고의 동반자가 되어
백년해로하길 바란다.

서로를 위해 배려하며 아끼고 사랑할 때만이 화목한 가
정을 이룰 수 있다는 것을 명심했으면 한다. 서로 다른
환경에서 다른 경험과 습관으로 살아온 터라 처음에는
어렵겠지만 상대방 입장에서 생각해보면 자기의 편견을
버릴 수 있고 상대방을 잘 이해할 수 있을 것이라 믿는
다. 그리고 지금까지 잘 키워주신 부모님에 대한 고마움

과 사랑을 절대 잊지 말고 자주 찾아뵙고 늘 효도하며 살 것을 부탁한다.

마지막으로 언제나 건강한 몸과 건강한 마음으로 살아가길 바란다. 옛말에 돈을 잃으면 조금 잃는 것이고, 명예를 잃으면 많이 잃는 것이고, 건강을 잃으면 모든 것을 잃는다고 했다. 늘 서로의 건강을 위해 노력해주었으면 한다.

다시 한번 너의 빛나는 결혼식 축하한다. 행복하렴.

# 둘이 함께하면

우리의 삶은 무한한 것이 아니라는 사실은 누구나 잘 알고 있다. 사는 동안 자기가 좋아하는 일을 하면서 산다는 것은 커다란 행복일 것이다.

아침에 산책하는데 전신주에 걸린 현수막이 보였다. 〈위풍당당 실버 전문가 교육〉 우리가 사는 행정복지센터에서 월, 수요일에는 핸드폰 교육을, 화, 목요일에는 사진 교육을 한다는 내용이었다. 얼른 두 가지 교육 모두 신청했다. 코로나19 유행 이후 아침, 저녁으로 산책과 음악회에 가는 것 외에 남편과 함께하는 취미가 없었다. 코로나19 이전에는 새벽반 수영을 같이 다녔다.

FRP 원재료 판매 대리점을 운영하는 남편은 시간이 비교적 자유로워 아침 9시부터 12시까지 하는 교육은 무리 없이 받을 수 있었다. 그와 나란히 행정복지센터에 가서 교육받고 있자니 처음에는 낯설고 어색했다. 왜 진작 이렇게 같이 교육받을 생각을 못 했을까? 앱을 깔고 강사님 강의에 귀를 기울이며 하나씩 배우는 세상은 참 신기했다. 우리가 몰랐던 기능이 핸드폰 속에 가득 담겨 있었다. 처음에는 그까짓 핸드폰 하나를 가지고 배울 것이 얼마나 있으려나 별 기대도 하지 않고 참석했는데 의외였다. 가장 유용하게 쓸 수 있었던 것이 핸드폰 동영상 편집이었다.

울산에 사는 사위가 일주일에 서너 번씩 보내주는 외손주의 사진은 보석처럼 빛이 났다. 외손주 탄생은 놀라운 기적 같은 일이었다. 딸아이가 낳은 새 생명. 코로나19 때문에 병원, 산후조리원도 가보지 못하고 오로지 화면으로 볼 수 있었지만 아픈 곳 없이 건강하게 태어난 아기를 지켜보는 것은 큰 기쁨이었다.

핸드폰에 배냇저고리를 입은 모습부터 터미타임 모습, 뒤집는 모습, 앞니 나온 모습 등 하루하루가 다르게 커가는 모습 등 사진이 수백 장도 넘게 있는데 이 사진을 선별해서 멋지게 하나의 동영상을 만들어 보았다. 배경음악도 저작권 없는 것으로 한 곡 넣으니 근사했다. 매번 남들이 보내온 동영상을 받아보았지만 직접 내 손으로 만들어보니 마치 PD가 된 기분이었다. 이런 것이 배움의 기쁨이 아닐까?

"엄마, 이 동영상 진짜 엄마가 만든 거야?"

"그~럼. 엄마 실력이야."

"야하. 엄마, 대단한데. 고마워 엄마."

"다음에는 더 멋지게 만들어 보낼게."

딸아이는 동영상을 받고 무척 기뻐했다.

화, 목요일에 배우는 것은 감성 사진 찍기였다. 식당에 가면 가끔 음식 사진을 찍곤 했는데 이 수업을 받고 나니 새로운 감각이 생겼다. 남편도 아마 속으로 많이 만족했으리라 생각이 든다. 빵 한 조각과 커피 한 잔의 사진을 찍더라도 장미 등 소품한, 두 개 넣어서 찍으면 진한 향기를 느낄 수 있는 멋진 사진이 완성됨을 알았다. 한 달 동안 사진 수업을 마치고 행정복지센터한 층에 수강생들의 작품 전시회도 개최하니 소소한 보람을 느낄 수 있었다.

직장 다니는 동안 행정복지센터에서 무엇을 배우겠다고 생각한 적이 한 번도 없었다. 기껏해야 사무실에서 필요한 주민등록등본이나 발급받으러 갈 정도였다. 그러나 그 속에는 우리가 알지 못하는 수많은 배움의 기쁨을 느낄 수 있는 것이 가득했다. 연세 드신 수강생에게 한 번이고 두 번이고 이해하실 때까지 성실하게 설명해 주는 강사님도 고마웠다. 나중에 알았지만, 기타, 요가, 수채화, 일러스트 등 진행하는 과정도 다양해서 시간만 있으면 얼마든지 수강이 가능했다.

다음으로 남편과 함께한 것은 퇴직하면서 가입한 부부 동반 골프 모임이었다. 재직 중 골프는 어떠한 일이 있어도 해서는 안 된다는 것이 나의 원칙이었다. 왜냐하면 골프를 쳐서 잘못된 동료들을 많이 보아왔기 때문이다. 달리기는 자신이 있지만 공을 가지고 하는 운동경기는 잘하지 못했다.

나이가 들어 늦게 시작한 골프는 소위 말하는 똑딱이만 1년을 했다. 지방 근무할 때 저녁 9시부터 10시까지 2년 정도 배웠는데 그때 코치가 진도는 나가지 않고 1년 동안 똑딱이만 시켜서 힘이 들었다. 그것을 잘 견뎌내고 나중에 코치와 함께 정식 필드에 나가 공을 쳤으니 할 말은 없다. 골프는 그것이 끝이었다. 그곳을 떠나면서 골프는 잊고 살았다.

남편 또한 골프에는 별 취미가 없었지만 그래도 부부가 같이 하는 운동이 하나 있으면 좋겠다는 생각으로 모임에 가입해서 용인 골프장에서 첫 라운딩을 했다. 남편과 나는 그날 공을 치기보다는 그 넓은 곳에서 공을 찾으러 뛰어다니느라 고생을 많이 했다. 운동 후 점심으로 먹은 시원한 냉면이 꿀맛이었다. 첫 모임 기념으로 점심은 내가 대접했다.

그 후 아파트 실내 골프 연습장에서 열심히 실력을 쌓고 있다. 당분간은 필드에 나가지 않고 기본기를 키우기로 했지만, 공은 여전히 연습해도 맞지 않았다. 하루 절반을 필드에 나가 있어야 하는 것이 좀 마음에 들지 않지만, 골프 하나로 인해서 부부의 대화거리는 풍성해진 것 같아 좋았다.

야구를 잘했던 남편의 골프 치는 폼은 그다지 멋지지 않지만 한번 쳤다 하면 멀리 나가 내가 칭찬하기에 바쁘다. 서로 자세가 맞느니 틀리느니 하면서 시간은 잘 보내고 있다. 늘어난 수명만큼 건강하게 잘 지내는 것이 우리의 목표이다. 그리고 코로나19가 좀 잠잠해지면 새벽 수영도 다시 시작할까 생각한다. 무녀도 섬이 고향인 남편은 수영장에 가면 더 당당해진다. 평형에서 중단된 수영도 다시 시작해서 남편과 함께하는 시간을 더 만들까 한다.

# 업무 아이디어로 맺어진 인연

책은 우리에게 무한한 상상력을 준다. 한번 책을 잡으면 밤을 새워서라도 다 읽어야 하는 성격으로 늘 책을 가까이했다.

수상레저계장으로 근무할 즈음 로버트 치알디니의 『설득의 심리학』이라는 책을 읽었는데 이런 내용이 나왔다. 공항에서 자선단체가 지나가는 사람들에게 기부할 것을 부탁했지만 사람들이 호응하지 않자 머리를 짜내어 사람들에게 장미 한 송이씩 나눠주면서 부탁했다. 누군가에게 먼저 선물을 하거나 호의를 베풀면, 받는 사람이 그에 보답하려는 사회적 의무감을 느낀다는 내용을 잘 활용한 것이었다. 장미꽃을 나눠주자 사람들이 그냥 가지 않고 소액이어도 성의껏 기부했다는 것이었다.

나는 이것을 업무에 활용하면 어떨까 생각했다. 동력수상레저기구조종면허 필기시험 때 응시생들이 긴장하는 것을 보고 꽃을 나눠주면 분위기가 좋아질 것 같았다. 매주 실시하는 필기시험 응시생 중 제일 시험을 잘 본 사람에게 장미꽃을 한 송이씩 나눠주기로 했다. 하루에 세 번 1급, 2급 시험을 보니 6송이의 장미가 필요했다. 필기시험은 일주일에 한 번 실시했다.

"○○○ 경장, 필기시험에 100점 맞는 사람이 있나요?"

"예. 가끔 나옵니다."

"그러면 100점 맞는 사람에게는 내 시집을 주면 어떨까요?"

"계장님, 응시생들이 아주 좋아하겠는데요."

필기시험이 있기 하루 전날은 항상 장미꽃 6송이와 시집을 몇 권을 준비해서 출근했다. 누가 장미꽃과 시집을 받을까 생각하니 은근 기대가 되었다. 성적 발표 후 장미꽃을 나눠주고 100점을 맞은 사람에게 시집을 나눠주니 의외로 반응이 좋았다. 가끔 그중에 몇몇이 기념으로 같이 사진을 찍자고도 했다.

그러던 어느 날 가장 친한 친구 미경이가 우리 집에 놀러 왔다. 당시 미혼이었던 친구 얼굴에서 유난히 빛이 났다. 무슨 좋은 일이라도 있냐고 물어보니 남자친구가 생겼다는 것이다. 역시 내 눈이 예리했다. 나는 뛸 듯이 기뻤다. 나는 일찍 결혼했는데 친구가 결혼을 하지 않아 늘 마음에 걸렸었다. 조카 친구 소개로 남자친구를 만났는데 이야기하다 보니 내 이야기가 나왔단다.

"제가 조종면허를 취득하기 위해 한강 면허시험장으로 필기시험을 보러 갔는데 어떤 여성 경찰관 계장이 자비로 장미꽃을 나눠주고 시집도 주는 모습을 보았어요. 그동안 많은 경찰을 대했는데 그런 경찰은 처음이었어요. 아주 감동적이더라구요."

"제 친구 중에도 여경이 있어요. 시도 쓰고요."

"그래요?"

세상에 이럴 수가! 서로가 나를 알고 있는 것이 아닌가! 덕분에 공통 화제가 생겨 이야기가 아주 잘되었다는 것이다. 그 후 친구는 그분과 결혼해서 행복하게 잘 살고 있다. 파주에서 목장 하는 누님댁에서 야외 결혼식을 했는데 그때 풍경이 영화의 한 장면처럼 너무 멋있었다. 생전 처음 보는 야외 결혼식이었다. 가끔 여고 친구들과 부부동반으로 만나면 친구 남편 수철 씨는 스테이크 등 훌륭한 요리로 우리를 감동시킬 뿐만 아니라 해박한 지식과 유머로 주위 사람들을 매료시켰다. 그는 가끔 내 친구와 처음 만난 날을 이야기하곤 하는데 나는 그때마다 『설득의 심리학』을 쓴 로버트 치알디니에게 고마워했다.

나는 한 해에 읽을 책을 20권 정도 목표로 삼는다. 모든 것을 경험하면서 살기는 어렵지만 책을 통해 간접 경험을 하는 것이 좋았다. 지금은 예전처럼 책을 많이 읽지는 않지만 적어도 20권은 읽고자 했다. 새 책을 사면 읽을 즐거움에 가슴이 마구 뛰었다. 새 책 냄새도 좋았다. 서점을 하면서 종일 책만 읽으면 얼마나 좋을까 하는 생각을 했던 젊은 시절도 있었다.

지난 2월에 연천에 있는 미경이의 세컨하우스에서 여고 친구 4명이 오랜만에 모였다. 작년 가을에는 텃밭에서 고구마를 캐며 함께 딴 고구마순 껍질을 손톱 끝이 새까매지도록 까며 저녁 늦게까지 깔깔거렸는데 그게 벌써 옛날이 되었다. 내심 세컨하우스가 있는 친구가 부러웠다.

먼 훗날 나도 작은 텃밭이 있는 시골집 하나 지을 날이 오리라 꿈꿔 본다. 그래도 지금은 이렇게 친구가 있으니 이런 한가함도 느끼고 좋지 않은가? 낮에 다른 일정이 있어서 늦게 도착하니 유치원 하는 상연이와 경자가 알록달록 풍선과 장식으로 아름다운 파티장을 꾸며 놓았다. 밖에서 보니 더욱 근사했다. 친구 부부가 직접 만든 연어와 농어 초밥과 농사지어서 담근 김치로 맛있는 저녁 식사를 했다. 총각김치가 정말 맛있다고 칭찬하니 친구는 망설이지도 않고 우리 모두에게 김치를 싸주었다. 역시 친구가 최고다. 다음 날은 눈이 내린 철원 한탄강 주상절리 잔도길도 걸으며 친구들과 또 하나의 추억을 만들었다.

아기자기 행복하게 사는 친구 부부를 보니 뿌듯했다. 내가 하던 업무로 인연을 맺는 데 일조했다고 생각하니 말이다. 우리는 살면서 많은 사람을 만난다. 옷깃만 스쳐도 인연이라고 하지 않았는가? 그 인연 중에 내 친구처럼 아주 귀중한 인연도 있으니, 작은 만남도 소중하게 여길 줄 알아야 하지 않을까 생각한다. 그 속에 어떤 보물이 숨어 있을지는 아무도 모른다.

# 행복의 가치는 내 중심으로

언제부터인가 무슨 어려운 일을 해내거나 목표한 일을 이루면 나 자신에게 칭찬하고 선물을 주는 습관이 생겼다. 그 선물은 물건이 되는 때도 있고 영화 관람이나 음악회 가기 등 다양했다. 이번 일만 해내면 평소 내가 갖고 싶었지만 여러 가지 이유로 선뜻 사지 못했던 물건을 하나 사리라. 그리고 그 이후 즐거워하는 나를 상상했다. 그러면 어려움에 따른 고통이 조금 줄어들었다.

그렇게 나를 사랑하는 마음이 점점 자리를 잡았다. 그것은 일종의 자존감이다. 그것이 살면서 커다란 힘이 되기도 하고 스스로 슬럼프에서 벗어날 수 있는 좋은 방법이 되었다. 그래서 실행했던 것이 '혼자서 영화 관람하기'였으며 처음 시도한 영화가 〈건축학 개론〉이었다.

가족과 멀리 떨어져 지내는 것이 심적으로 조금 힘들었다. 강원도 동해에서 인천까지는 대중교통으로 5시간이 걸렸으며 직책상 자리를 비울 수 없어 자주 갈 수가 없었다. 혼자서 영화를 보니 외로움도 잊을 수 있고 의외로 효과가 좋았다. 남편과 풋풋한 연애 시절도 혼자서 여유롭게 추억하면서 영화 한 편을 잘 감상할 수 있었다. 그 후 혼자 영화 보기는 계속 이어졌다.

책 한 권 읽기를 마치면 맛있는 장칼국수도 먹고 막국수도 사 먹으러 혼자 살기를 즐겼다. 동해지방해양경찰청 직장 부근에 있는 장칼국수는 이제껏 먹어본 칼국수 중 제일 맛있었다. 그 맛을 잊지 못해 인천으로 발령이 난 다음 해 일부러 그 식당을 다시 찾아가기도 했다.

국외 연수나 여행을 갔을 때도 가족 선물을 구입한 후 나를 위한 선물을 꼭 하나 샀다. 주위 사람 중에서 자신보다는 다른 사람을 위해 기념품을 사고 정작 자기 것은 하나도 사지 못하는 경우를 종종 보아왔다. 물론 그게 잘못된 것이라고 말하는 것은 아니다. 그렇게 나를 사랑하는 방법은 다양하게 진화했다.

퇴직하기 전에 나는 커다란 용단을 내렸다. 15년 넘은 냉장고를 버리고 새로 산 것이다. 그것 또한 직장생활을 잘 마친 나에게 주는 선물이었다. 친구에게 말했더니 그깟 냉장고가 무슨 너를 위한 선물이냐고 되물었다. 내가 우리 집에서 가장 많이 사용하는, 가장 친한 물건이 냉장고 아니었던가? 가족을 위해,

나를 위해 최선을 다해 노력했고, 앞으로도 내가 살아있는 동안 가장 많이 사용할 물건인데 이것 또한 나를 위한 신물이 아닐까?

곰곰이 생각해 보니 나를 위해 선물을 많이 했다. 매일 감사일기를 쓰는 것도, 딸 결혼식 마치고 멋진 정장 한 벌 사 입은 것도, 마음에 드는 가방을 사는 것도 그런 의미가 있다. 서장임기를 잘 마치고 강원도 강릉 여행을 다녀온 것도 그동안 고생한 나 자신에게 주는 귀한 선물이었다.

이 세상에 사는 동안 주인공은 바로 나다. 삶의 중심에 내가 있는 것이다. 무슨 일을 하든지 남의 눈치를 보지 말고 자신을 믿고, 이루고 싶은 것에 도전하는 것을 멈추지 말아야 한다. 그것이 행복한 도전이 아닐까 한다. 내가 가지고 있는 능력의 한계에 관해 깊이 연구하고 스스로 가치 있는 존재임을 인식하고, 잘해 낼 것이라 스스로 믿고 확신을 갖는 것이다. 오늘 여기까지 오는 데 그런 노력이 밑바탕이 되지 않았을까 하는 생각이 드는 아침이다.

# 중국 유학의 꿈을 꾸다

딸아이가 중2가 되자 학교에서 중국어를 배운다고 했다. 직장에서도 중국어를 잘하는 직원들이 부러웠는데 나도 이 기회에 중국어를 배워볼까? 중국어는 중국어선 단속 시에도 사용하고 언젠가는 직장에서도 유용하게 사용할 수 있을 것 같았다. 영어는 아무리 노력해도 잘되지 않아 포기한 지 오래되었다. 남편이 부산 지방 근무 중이라 마음도 허전하여 무엇인가 새로운 것을 찾던 시기였다.

저녁에는 업무나 회식 등으로 늦을 수 있어 정시에 퇴근해서 학원에 다니기란 무리일 것 같아 중국어 초급 새벽반에 등록했다. 처음에는 발음도 그게 그것 같아 비슷하고 'r' 발음과 'sh' 발음이 되지 않아 강사님한테 수도 없이 지적받았다.

'처음부터 잘하는 사람이 어디 있어? 우리 딸아이도 저렇게 잘하는데 내가 이렇게 못해서야 쓰나. 아자! 힘을 내자!'

1년 정도 다니니 발음이 조금씩 나아졌다. 그 대신 새벽에 일찍 일어나 집안일 챙기고 나오는 것이 힘이 많이 들었다. 그래도 내가 조금 부지런하면 가정이나 직장에 피해 없이 취미 활동을 할 수 있다는 생각으로 열심히 학원에 다녔다. 그러다 보니 슬그머니 욕심이 생겼다. 외국어대학교에서 실시하는 6개월 과정 어학교육이 가고 싶어졌다. 이왕 시작한 것 잘해보자. 일단 직장에 허락을 받는 일이 급선무였다. 당시 계장이라는 직책을 맡고 있어서 쉽지 않았다.

'한번 도전해보고 안 되면 포기하자.'

제일 먼저 과장님께 의논드렸더니 용기를 주시면서 서장님께 말씀을 해보라고 하셨다. 이제 다리의 절반은 건너온 셈이다.

'그만둘까? 지금 중국어 공부를 해서 어디다 쓰려고?'

서장실 앞에서 몇 번인가 망설이다가 걸음을 되돌렸다.

'아냐. 이다음 아쉬워하느니 한번 말씀드리고 안 된다고 하면 그만두지 뭐.'

서장실 문을 똑똑 두들겼다.

"서장님, 개인적으로 의논드릴 것이 있어서 왔습니다."

평소에 결재하러 자주 드나들며 뵈었던 서장님이 무척 어려워졌다.


"뭔데요? 한번 말해 봐요."

"제가 중국어 공부를 위해 새벽반을 1년 정도 다녔는데 좀 더 배우고 싶어서요. 한국외국어대학교에서 실시하는 6개월 과정 교육이 있는데 그 시험에 한번 도전하고 싶습니다. 붙는다면 교육을 보내주셨으면 합니다.”

어디서 그런 용기가 생겼는지 모르겠다. 서장님께서는 곰곰이 생각하시더니 허락을 해주셨다. 이제 지원서를 쓰고 시험에 합격하는 일만 남았다. 시험에 나올 만한 ‘중국어로 자기 소개하기, 중국어를 배우려고 하는 목적, 자기 희망 이야기하기’ 등 문제를 뽑아 중국어 잘하는 직원에게 도움을 받아 모범 답을 쓰고 죽어라 달달 외웠다. 이런 기회가 또 있겠는가?

합격자 발표날이 되었다. 드디어 합격! 이제 6개월간 한국외국어대학교에서 중국어만 공부한다고 생각하니 무척 기뻤다. 입학식을 하고 반 편성한 것을 보니 맙소사! 내가 중급반에 들어가 있었다. 회화에서 점수를 높게 받아 학교 측에서 중급반으로 편성한 것이다. 첫날 수업을 받아보니 걱정이 되었다. 한국어는 단 한마디도 하지 않고 종일 중국인 교수님께서 하시는 수업을 들었는데 하루가 어떻게 지나갔는지 모르겠다.

인천 집으로 돌아오는 전철에서 속닥거리는 사람들의 목소리가 전부 중국어로 들렸다. 아무리 귀를 쫑긋 기울여도 중국어였다. 이러다가 미치는 게 아닐까? 다음 날에도 중국인 교수님의 수업을 받으니 아무래도 중급반은 무리라는 생각이 들었다. 도대체 무슨 말씀을 하시는지 몰랐다. 외국어는 수준을 조금 높게 다녀도 된다고 중급반 교육생들이 나를 붙잡았지만, 상담받고 3일째 되는 날 초급반으로 내려갔다. 초급반에서는 내가 중급반에서 왔으니 중국어를 매우 잘하는 줄 알고 많은 관심을 보였다. 그날 이후 중국어로 꿈도 꾸고 나는 거의 중국어에 미쳐서 6개월을 보냈다. 정말 원 없이 중국어 문법, 회화를 배웠다.

교육생 중에서 가장 먼 인천에서 한국외국어대학교가 있는 서울 동대문구 이문동까지 다녔지만 한 번의 결석이나 지각도 없이 무사히 교육을 수료하고 직장으로 돌아왔다. 그 기간에 교수님과 함께 인천 차이나타운에 가서 중국 문화에 대한 공부도 했다. 내가 사는 인천에 이렇게 문화탐방을 오는 것이 새삼스러웠다. 그동안 내가 사는 인천을 너무 몰랐다는 것이 아쉬웠다.

그것이 계기가 되어 행정부 주관 공무원 국외 연수로 중국을 갈 수 있게 되었다. 북경, 남경, 청도 등에서 14일 정도 있으면서 중국 인사 제도도 배우고 이화원 등도 다니며 중국어 실습도 많이 해서 기억에 남는 연수가 되었다. 그 다음 목표는 중국 유학 가는 것으로 삼았으나 경감 승진시험과 유학 시험이 겹치는 바람에 중국 유학의 길은 접어두었다. 그래도 후회는 없다. 이렇게 중국어 공부 기초를 단단하게 다져놓은 것만으로도 나에게는 의미가 크다. 도전하지 않으면 아무것도 이룰 수 없다. 이후 태안해양경찰서 경비함정에서 근무하며 불법조업 중국어선을 단속할 때 중국어는 많은 도움이 되었다.

무엇인가를 새롭게 시작하는데 나이는 아무 문제가 되지 않는다. 그때 나이가 40살이었는데 그 당시에는 기대수명을 80세로 보았다. 80세를 24시간으로 환산한다면 40세는 낮 12시쯤 된다. 낮 12시인데 무얼 못하겠는가? 나이 탓을 하는 그런 어리석음은 떨쳐버리고 살아야 한다. 주위를 둘러보면 해야 할 일이 무궁무진하다.

무료하다면 당장 무엇인가 시작하자.

지금, 이 순간!

# 첫 수업을 무사히 끝내다

해양경찰학교가 있는 영종도로 발령이 났다. 생각지도 못한 발령이었다. 전출 희망도 하지 않았지만 제3 지망에 해양경찰학교를 썼던 것이 발단인 것 같았다.

'발령이 났으면 가야지. 새로운 곳에서 근무하는 것도 나쁘지는 않을 거야. 지방이 아니고 집에서 출퇴근하는 곳이니 정말 다행이지.'

스스로 위로하며 첫 출근을 했다. 매일 바다를 보며 출근하는 것도 나쁘지 않았다. 교육생을 가르치는 교수 업무도 매력적이었다. 문제는 어떻게 교육생을 잘 지도하는가가 관건이었다. 학교 업무는 예전에 3개월간 지도교관으로 파견 근무를 해서 교육생 분위기와 요령 등은 잘 파악할 수 있었다.

그러나 교실에 들어가 수업을 위해 학습 목표를 세우는 것부터 모두가 어려운 일이었다. 마음부터 다르게 가져야 했다. PPT

를 만들고 관련 서적도 읽어야 하고 할 일이 많았다. 2주 동안은 수업에 들어가지 않고 예행 강의도 하며 선배 교수들한테 지도를 받았다. 수업 들어가기 전 학교장님 앞에서 10분 정도 강의 평가를 받게 되었다.

"여러분 안녕하세요? 이번 발령에 교수요원으로 온 박경순 경위입니다."

덜덜 떨리는 소리로 마이크를 잡고 예행 강의를 했다. 목소리도 제대로 나오지 않고 동기유발을 한답시고 A4에 쓴 유명한 글을 보고 읽으면서 수업을 시작했다. 학교장님은 처음부터 마음에 들어 하지 않으셨다.

"교수가 자료를 보고 해야 되겠는가? 충분히 공부해서 머리에 그 내용을 전부 넣어 강의해야 하고, 목소리도 자신감 있게 크게 하고 자세를 반듯하게 해야 합니다."

학교장님은 내가 고쳐야 할 사항들을 꼼꼼하게 지적해주셨다. 그래도 한 고개를 넘은 것 같아 안도의 숨을 내쉬었다. 처음부터 다시 멘트도 수정하고 PPT를 보며 교육할 내용을 자세히 적어 몇 번이고 읽고 또 읽었다. 여러 번 읽으니 그 내용이 머리에 들어가기 시작했다.

일단 수업에 들어가면 교육생을 Z자 형태로 한번, 거꾸로 한

번 살펴보고 중간중간에 눈을 마주치면서 교감을 가져야 한다. 시선을 한 곳에 집중하지 말고, 체중은 양발에 균형있게 싣고 자세를 자연스럽게 해야 한다.

첫 강의가 있는 날이다. 심호흡을 크게 한번 하고 강의안을 가슴에 들고 강의실 문을 열었다. 의무경찰순경을 대상으로 하는 수업이다. 일제히 나한테 집중하고 쳐다본다.

"여러분, 좋은 아침입니다! 아침밥은 잘 먹었나요?"
"예!"
"만나서 반갑습니다. 여러분과 2시간 동안 '성희롱 및 성
 폭력 예방'에 대해 강의할 박경순 경위입니다."

의무경찰순경들은 처음으로 들어온 여성 교수요원에 대해 호기심이 가득한 눈으로 쳐다보았다. 그런데 강의실 앞줄 오른쪽 유리창 쪽에 앉은 의무경찰순경이 유독 눈에 띄었다. 내가 하는 말이 끝날 때마다 고개를 끄떡여주며 반응을 하는 것이었다. 그 의무경찰순경 덕분에 내 인생의 첫 강의는 아주 성공적으로 마칠 수 있었다. 고개를 끄떡여주고 눈을 맞춰 준다는 것이 나에게 엄청난 응원이 되었다.

그 이후 나는 어느 교육을 가도 강사와 눈을 잘 맞추고 고개

를 끄덕이며 공감(共感)해 주는 버릇이 생겼다. 공감이란 남의 생각이나 의견, 감정에 대하여 자기도 그러하다고 느끼는 것이다. 내 신발을 벗고 그 사람의 신발을 한번 신어보는 것이다.

"아~ 그래요."
"그랬군요. 얼마나 힘드셨어요?"
"맞아요. 당신은 정말 대단하군요."
"어머, 정말 멋지네요."

상대방의 이야기에 귀를 잘 기울이고 그의 이야기에 공감해 준다면 상대방은 더욱 힘이 되고 용기가 생길 것이다. 요즘은 너무 많이 해서 탈이라 생각되지만, 나의 이 버릇이 그들에게 얼마나 큰 응원이 되는 줄을 잘 알고 있기에 멈추지 않을 것이다. 지금 누군가의 강의를 듣고 있다면 자주 공감을 해줘라. 아마 그러면 강사는 더욱 힘이 나서 좋은 내용으로 당신에게 한 발 더 다가갈 것이다.

제5부

/

# 끝없는 배움으로 시작하는
# 인생 2막

마음을 울리는 시낭송가 | 하나씩 벽돌을 쌓다 보면 | 나를 돌아보는 서예와 사진 |
문학의 숲길을 걷다 | 모교에서의 '꿈 강의' | 문화공간 다누리 '휴먼북' 활동 | 대학
강단에 서다

# 마음을 울리는 시낭송가

새벽 3시 반에 일어났다. 알람이 없었다면 어떠했을까? 거제시에서 열리는 청마유치환시극 공연대회가 있는 날이다. 회원들을 부천 '문화대장간'에서 새벽 5시에 만나기로 했으니 인천 우리 집에서 4시 20분에는 출발을 해야 했다. 남편은 아무 말도 없이 부천까지 데려다주었다.

의상, 모자, 소품 등을 챙겨서 '부천시소리낭송회' 회원들 6명이 차에 올랐다. 대회는 오후 3시이지만 현지에서 동선도 확인하고 총 리허설도 할 겸 일찍 가자는 데 의견을 모아 새벽 5시에 출발하기로 했다.

내가 시낭송에 관심을 가진 것은 시낭송가로 활동하시는 강릉경찰서 ○○○ 선배님을 만난 이후였다. 시인으로 활동하면서 자작시 낭송을 할 때면 시를 맛깔스럽게 낭송하지 않고 그저 책 읽듯이 하는 것에서 벗어나고 싶었다. 그것은 낭송이 아니라

낭독이었다. 선배님께 강원도 동해지방해양경찰청으로 발령이
났다고 인사차 전화를 드렸더니 시낭송을 한번 배우지 않겠냐
고 제의하셨다. 그리고 후배 낭송가 한 분과 함께 내가 근무하
는 동해지방해양경찰청으로 나를 만나러 오셨다. 그때 도종환
시인의 '흔들리며 피는 꽃'과 노홍균 시인의 '오늘이 아름다웠
다'를 낭송해 주셔서 큰 감동을 받았다. 그 후 선배님은 전화로
틈틈이 지도해 주셨다. 그리고 울진복지관에서도 ○○○ 선생님
께 시낭송 이론도 함께 배웠다. 매주 목요일 저녁 함께 공부했
던 어르신들도 참 따뜻하게 나를 잘 대해 주셨다.

　2019년 5월 우리글 주관 '성인시낭송대회'를 목표로 시낭송
연습을 꾸준히 했다. '오늘이 아름다웠다'를 외우고 또 외웠다.
남편이 위문차 울진에 오면 남편을 청중으로 삼고 연습하기도
했다. 당시 새벽마다 바닷가에서 시 낭송한 것을 녹음한 것을
들어보면 갈매기 울음소리와 파도 소리까지 들어있다. 추운 겨
울 하현달이 뜬 새벽, 바닷가를 걸으면서 낭송하다 보면 이것을
왜 연습하나 하는 생각도 들었지만, 이왕이면 낭송가로 데뷔하
면 더 의미가 있을 것 같았다.

　시낭송대회에서 대상, 금상 다음 세 번째 순위인 최우수상
을 받았다. 그 상은 나에게 대상이나 다름없는 큰 상이었다.
참 벅찬 순간이었다. 이를 계기로 울진군 신년하례회 건배사

를 할 때 '오늘이 아름다웠다'란 시를 용감하게 먼저 낭송하고 나서 풍어를 비는 의미로 "물 반! 고기 반!"이라고 크게 외쳐서 주위 분들에게서 많은 환영을 받기도 했다. 돌아보면 참 그리운 시간이었다.

그렇게 시낭송에 대한 사랑은 쌓여가고 인천으로 근무처를 옮긴 이후 동료 시인의 추천을 받아 지금 활동하는 낭송회에 가입하게 되었다. 시낭송 모임에 와서 보니 많은 시낭송가가 시인의 시를 잘 낭송하기 위해 얼마나 노력하는가를 알았다. 문병란, 도종환, 이기철, 윤동주, 유치환 등의 시가 많이 애송되는데 그런 시인이 부럽기도 했다. 나의 시는 대부분 짧아 낭송하여도 그런 분위기를 느낄 수가 없다. 나도 언젠가는 그런 시를 쓰리라.

부천에서 일찍 출발한 덕분에 통영에 도착하니 오전 11시도 되지 않았다. 통영의 새파란 바다를 보자 회원들이 환호하며 좋아했다. 남해는 서해, 동해에서 느끼지 못한 색감을 가졌다. 짙은 청색의 바다는 정신을 맑게 하는 묘한 마력을 가지고 있다. 거제도 도착 전 통영 어느 바닷가에서 우리들은 우스꽝스러운 포즈를 취하기도 하며 맘껏 바다를 느꼈다. 제15회를 맞이하는 청마 유치환 문학제는 백일장, 4행시 짓기, 학생 시암송대회, 문학 세미나 등 여러 행사를 했으며 그중 하나가 시극경연

대회였다.

○○○ 회원이 연출하고 감독한 〈뜨거운 노래는 땅에 묻는다〉
는 유치환 시인의 시 중 '깃발', '뜨거운 노래는 땅에 묻는다', '병
처', '차창에서', '수(壽)'라는 5편의 시를 일제강점기의 나라 잃은
민족과 아픈 아내를 사랑하는 마음을 재해석하여 만든 시극이
다. 매주 월요일 저녁에 모여 준비하고 마지막에는 한 주에 두
번씩 모여 연습했다. 공연 중 3번 정도 무대에 출연하는데 혹시
내가 틀려서 전체 회원에게 누가 될까 봐 걱정을 많이 했다. 최
선을 다하면 결과는 어찌 되든지 만족하리라 스스로 달랬다.

단 한 사람도 실수 없이 시극 공연을 잘 마치고 순위를 기다
렸다. 놀랍게도 우리가 영광의 '대상'을 차지했다. 모두 하이 파
이브를 하며 기뻐했다. 거제시장님한테 상장도 받고 기념사진도
찍었다. 부천시소리낭송회 단톡방에 그 사실을 알리니 전 회원
이 진심으로 축하해주었다.

부천으로 돌아오는 길에 청마 유치환 시인의 생가와 기념관
도 돌아보고 통영 중앙전통시장에서 회를 떠서 통영 해수욕장
푸른 바다를 바라보며 먹었다. 다들 아름다운 추억 하나 가슴
에 담는 것 같았다. 참으로 하늘을 나는 기분이었다. 정년퇴직
을 하고 갑자기 많아진 시간. 그동안 바쁘다는 이유도 잘 참석

하지 않았던 모임에 나가 이렇게 뜻하지 않게 시극공연대회에서 대상을 탔다는 것은 내가 노력하는 정도에 따라 얼마든지 의미 있는 시간을 만들 수 있다는 교훈을 알려주었다.

가을에는 낙엽이 소복하게 쌓인 야외에서 버스킹을 준비 중이다. 나는 박인환의 '목마와 숙녀'를 가슴 저미게 낭송할까 생각하고 있다. 어서 가을이 왔으면 좋겠다.

# 하나씩 벽돌을 쌓다 보면

2020년 교육훈련센터장으로 와 보니 정말 할 일이 많았다. 더구나 코로나19로 인해 어려움이 많았지만 제일 시급한 것은 교수로 지원한 직원의 역량을 높이는 일이었다. 그래서 자체 '교수 양성과정'을 개설하여 우수한 외부 강사를 초빙해서 교육을 받은 후 시범 강의를 하는 등 교수로서의 역량을 높이도록 했다. 점점 교수 직원들은 자신감과 함께 열정으로 직원들을 가르치기 시작했다. 해양경찰청 신임 직원을 양성하는 해양경찰교육원이 여수에 있고 직원 재교육을 담당하는 직무교육훈련센터가 천안에 있다.

고여있는 물은 썩게 마련이다. 새로운 것을 받아들이고 자신을 새롭게 발전시키는 데는 교육이 절대적으로 필요하다. 이런 마인드는 정년퇴임 이후에도 계속 이어지고 있다.

정년퇴임 후 '강사'로 제2 인생을 시작해야겠다는 생각을 구체적으로 행동에 옮겼다. 일단 나 자신을 무장시키는 일이 급선무였다. 해양경찰서장을 지냈다는 생각을 버리는 일은 처음부터 쉽지는 않았지만 그래도 하루하루를 보내니 그 마음이 옅어졌다.

이제 모든 것을 제로베이스에서 새롭게 시작하자는 마음으로 민간 교육기관을 두들겼다. 리더십 양성과정, 취업캠프, 학교폭력, 서비스(CS), 성희롱 예방, 스트레스 관리 등 전문교육도 받고 자격증도 취득했다. 재직 중에 국민권익위원회에서 주관하는 청렴 교육 기본 강사 시험도 통과하고, 청렴 교육 전문 강사 과정은 교육은 수료했으나 마지막 관문인 시험을 2회나 낙방하여 마지막 한 번의 기회가 남아 있었다. 이 과정은 공부도 어렵고 시험은 80점 이상 받아야 하는데 객관식과 주관식이 같이 있어 단기간 공부해서는 합격하기가 어려웠다.

부정청탁 및 금품 등 수수의 금지에 관한 법률, 공익신고보호법, 이해충돌방지법, 부패방지 및 국민권익위원회의 설치와 운영에 관한 법률, 공익신고자 보호법, 공공재정 부정청구 금지 및 부정이익 환수 등에 관한 법률 총 6개 법률과 시행령을 이해하고 외워야 하는데 쉽지 않았다. '청렴'은 공무원들이 반드시 실천할 덕목임을 명심하고 실천한 나날들이다.

아울러 한국강사협회 정회원으로 매월 줌(Zoom)으로 하는 교육도 빠짐없이 수강하며 나를 담금질하고 있다. 한국강사협회에서 2시간짜리 'ESG[2]란 무엇인가' 강의를 들었는데 흥미가 느껴졌다. 그러던 중 박사 동기 ○○○의 권유로 10월 27일부터 2023년 1월 27일까지 매주 목요일에 제1기 ESG 컨설팅 전문가 과정을 수강했다. 인천일보와 바론교육이 함께 진행한 14주 과정을 무사히 마쳐 ESG 컨설팅 전문가가 되었다. 대한민국 ESG 실천 대상도 수상했다. 요즘 들어 공공기관, 기업, 대학교 등에서 ESG에 관한 관심이 더욱 높아지고 있으니 이 영역에 대한 교육도 정말 잘 받은 것 같다.

"안녕하십니까? 앞으로 읽어도 순경 박경순, 거꾸로 읽어도 순경 박경순, 순경으로 임용되어 경장, 경사, 경위, 경감, 경정, 총경으로 정년 퇴임한 박경순입니다. 이제 사회 첫발을 내디딘 초년생입니다. 잘 부탁드립니다."
"우와~"

자기소개를 그렇게 했다. 계룡시에 있는 〈소통CS교육원〉에서

---

2) 기업의 비재무적 요소인 환경(Environment), 사회(Social), 지배구조(Governance)를 뜻하는 것으로 'ESG경영'은 장기적인 관점에서 친환경 및 사회적 책임경영과 투명경영을 통해 지속 가능한 발전을 추구하는 것이다.

'강사 육성 과정'을 수료했지만 이렇게 장기간으로 교육을 받기는 처음이었다. 기대 반 우려 반이었다. ESG는 현재 우리나라뿐만 아니라 전 세계적으로 중요하게 여기고 있는 과제이다. 경영활동에 친환경 경영, 사회적 책임 경영, 지배구조 개선 등 재무제표에는 직접적으로 보이지 않아도 기업의 중장기 기업가치에 막대한 영향을 주는 비재무적 지표도 평가함을 의미한다. 처음에는 무슨 말인지 잘 몰랐는데 한 주, 한 주 지날수록 개념이 정리되고 그 중요성을 인식할 수 있었다. 좀 더 심화 학습을 하면 ESG 분야로도 강의 영역을 넓힐 수 있을 것 같았다. 매주 목요일 저녁 7시에 인천일보 대회의실에서 실시하는 교육은 나의 시야를 더 넓게 만들었다.

목요일마다 원우들을 위해 40개의 김밥을 제공하는 ○○○ 대표님을 비롯해 지역사회를 위해 몸을 사리지 않고 봉사하는 제1기 ○○○ 회장님, 탄소중립 ESG 확산에 선도적 역할을 하시는 ○○○ 대표님, 해박한 지식으로 수업 때마다 요점정리를 해서 나누는 ○○○ 교수님 등 다 소중한 사람들로 구성되어 있다. 각 기업의 대표님들은 ESG 실천 선포식을 하는 등 활발하게 활동하고 있다. 나도 그 일원임이 자랑스럽다. 기업의 CEO가 대부분인데 이렇게 많은 사람이 지역사회를 위해서 열심히 봉사하는 줄을 몰랐다. 이제까지 내가 알아온 세상이 다가 아니었다. 정운찬 전 국무총리의 「강중국가(强中國家) 비전과 과제」라는 특강을 비롯하여 「우리나라 기업지배구조의 문제점과 개선방향」 등 여러 분야의 전문가로부터 강의를 들었다. 특히, '탄소배출량 줄이기' 등 환경에 관한 분야는 매우 관심이 높았다. 삶에 있어서 배움은 끝이 없었다. 이렇듯 하나씩 벽돌을 쌓다 보면 튼튼한 담이 될 것이다. 나는 앞으로도 조금씩 더 성장할 것이다.

# 나를 돌아보는 서예와 사진

막상 공로연수를 떠나니 시간이 여유로웠다. 그동안 없는 시간을 쪼개고 쪼개며 바삐 살았던 시간이 이제는 통장의 잔고처럼 넉넉하게 많이 있어서 마음이 부자다. 봄이 한창인 4월에 '아트센터 인천'에서 실시하는 '인중서예교실'에 등록했다. '이정화' 서예가는 매우 유명한 분이었다. 7살부터 서예를 시작했다고 하는데 정말 글씨를 잘 썼다.

'아트센터 인천'은 바닷가 옆에 있어서 유리 통창으로 들어오는 햇살과 바람은 보기만 해도 좋았다. 10주 동안 매주 금요일 오전 10시부터 12시까지 먹을 갈아 가지런히 한 획 한 획 쓰다 보니 그동안 정신없이 살아온 내가 보였다.

강의실을 가득 채운 가야금 소리와 먹 향기는 내내 나에게 커다란 안식을 주었다. 서예를 정식으로 한 번도 배워 본 적이 없는 나에게 이런 호사는 처음이었다. 강사님이 그날 배운 것을 복습하는 의미에서 매번 숙제를 내주셨는데 안 해간 적이 없을 정도로 열심히 글씨를 썼다. 젊은 서예가여서 강의 내용도 참신하고 재미있어서 금요일이 기다려졌다. 꽃잎체, 물결체 등 여러 가지 서체를 접했던 것이 기억에 남았다.

강의가 끝나갈 즈음 졸업작품 발표회도 열었다. 그것은 작은 보람이었다. 내가 쓴 비교적 길이가 짧은 시 '잠자리'와 '오징어'로 액자를 만들어 친한 친구 3명에게 선물로 주었더니 무척 기뻐했다. 잘 쓰지는 못했지만, 정성을 다해 쓴 마음을 알아주었다.

> 말린다는 것은 / 오로지 / 바람과 친해지는 일 / 태양과 가까워지는 일 // 그리고 / 미움도 모조리 빼고 / 너와 만나는 일 //
>
> 「오징어」 (시집 『그 바다에 가면』 中)

그렇게 10주를 보내고 나서 울진해양경찰서장으로 근무할 때 샀던 캐논 DSLR 카메라를 꺼냈다. 늘 총총거리며 바쁘게 살았던 나 자신에게 여유를 주고 낭만을 주고팠다. 핸드폰 덕에 사진 찍는 취미를 가지고 더 욕심이 나고 디카를 사서 울진에서 근무하는 동안 열심히 찍었지만, 인천 등 도시로 발령이 나면서부터 열정을 잃어버렸다. 찍고 싶을 정도의 대상을 만나지 못했다.

매일 새벽에 일어나 울진 후포 바다를 걷다 보면 바다 위로 떠오르는 일출을 찍을 수 있는 행운을 만났다. 새벽 아침 산책은 그날그날 바다 상황을 실제로 볼 수 있기 때문에 업무에도 많은 도움이 되었다. 매일 눈물이 나도록 아름다운 일출을 본다는 것은 욕심이었지만 그래도 꽤 많은 일출 사진을 찍을 수 있었다. 추운 새벽에 만나는 일출은 가슴이 시리도록 좋았다. 매일 후포 바다에서 만났던 재두루미는 결국 '후포 바다 J씨를 그리다'라는 시의 소재가 되기도 했다. 녀석이 일부러 매일 나를 기다리고 있는 것만 같았다. 그 사연을 모르는 사람들은 J씨가 남자 아니냐며 농담도 하곤 했다. 추운 겨울날 녀석이 있는 바다 뒤로 해가 뜨는 장면을 헤아릴 수 없을 정도로 많이 찍었다.

울진에서 근무하는 1년 동안 똑같은 바다와 일출은 만나지 못했다. 바다에서 국민의 생명과 재산을 보호하는 해양경찰에게 바다는 더 이상의 낭만이 아니었지만 이렇게 새벽 산책길에 만나는 일출은 참으로 경이로웠다. 나는 요즘도 가끔 울진 후포 바다를 걷는 꿈을 꾸곤 한다.

# 문학의 숲길을 걷다

살면서 책 읽기를 좋아한 것이 많은 도움이 되었다. 초등학교 때는 고전 읽기 경시반에 들어가 입상도 하고 '이순신 장군'과 '알프스 소녀 하이디' 책을 무척 좋아했다.

하이디의 별이 보이는 다락방은 내가 꿈꾸던 곳이었다. 늘 마음의 고향처럼 느껴졌다. 다락에서 매일 밤 보았던 밤하늘의 별과 늘 따뜻하게 대해 주었던 할머니를 진짜 만난 것처럼 느껴졌다. 데테 이모, 클라라, 페터, 페터 할머니 등 등장인물들은 온기를 느낄 수 있어서 좋았다. 아빠, 엄마 없이도 씩씩하게 할아버지와 지내며 페터 할머니와 클라라에게 정을 한없이 쏟았던 하이디는 내가 만나고 싶은 또 다른 나였다.

초등학교 때부터 성인이 될 때까지 일기를 써왔던 것과 중학교 때 현진건의 『빈처』 등 근대소설을 다 섭렵했던 것이 문학의 길로 들어선 나에게 큰 힘이 되었다. 특히 도스토옙스키의 『까

라마조프가의 형제들』과 헤르만 헤세의 『데미안』은 서너 번 읽을 정도로 좋아했다.

1984년 꾸준히 혼자서 시를 습작하던 어느 날 길가에 우연히 붙은 포스터를 보고 시를 응모한 것이 계기가 되어 '여자시작업'이란 문학 동아리를 결성하게 되었다. 22명의 여성만으로 구성된 동아리는 수봉공원 예총회관 올라가는 길에 있던 '자동차노조회관'에서 시낭송회를 개최하여 화제를 낳기도 했다. 그 당시 여성만으로 진행한 행사는 거의 없었다. 매주 월요일 제물포 '보라' 카페에서 본격적인 시론 공부를 하며 시 품평회를 열었다. 시 품평회는 서로의 시를 있는 그대로 도마에 올려놓고 난도질하는 시간이었다. 시 품평회를 끝내고 집으로 돌아가는 길에서 늘 상처받은 가슴을 달래야 했다.

'과연 내가 시를 잘 쓸 날이 올까?'

그렇게 치열하게 공부한 것이 오늘날 4권의 시집을 낸 시인으로 성장하게 만든 바탕이 되었다.

'여자시작업'은 늘 나에게 힘이 되었다. 해마다 가을에서 겨울로 넘어가는 11월이면 다방이나 소극장 등을 대관하여 시낭송회도 개최하며 문학에 흠뻑 빠져 살았다. 나중에는 '여자'를 없애고 '시작업'으로 이름을 바꾸고 활동했는데 어느 날인가 인천에서 가장 오래된 '내항문학'에서 같이 활동하자는 제의가 들어와서 합류하게 되었다. 그 이후 '인천문인협회'에도 가입하면서 본격적으로 문인으로서 활발하게 활동했다. 1991년 '시와 의식'이라는 계간지를 통해 신인상을 수상하면서 정식 문단에 나왔다. 이제 '경찰관' 직업 이외에 '시인'이라는 직함을 하나 더 갖게 되었다.

내항문학에서는 매월 노을이 지는 저녁 시간에 월미도 유람선에서 선상 시낭송회를 개최하였다. 그때 촬영한 비디오 테이프에는 3살 된 아들이 무대로 아장아장 걸어 나와 엄마인 나에게 다가오는 모습이 담겨 있다.

내항문학 회장, 시작업 회장, 인천문인협회 감사, 이사 등을 역임하며 중요한 행사도 개최하면서 뜻깊은 시간을 보냈다. 남들은 딱딱한 경찰 생활과 문인활동을 어떻게 병행할 수 있냐는 질문을 하는데 경찰과 시인은 내 삶에 있어서 무한한 활력이 되었다. 힘든 경찰 생활을 '시'를 통해 순화할 수 있었으며 경찰 생활이 내 시의 소재가 되기도 하였다.

가장 의미가 있었던 일은 여수에 있는 해양경찰교육원 충혼탑에 내가 쓴 시 '해양경찰충혼가(海洋警察忠魂歌)'가 새겨져 있다는 것이다. 해양경찰관으로서 순직하신 분들을 생각하며 어떻게 하면 그 숭고한 뜻을 받들어 잘 표현할까 두 달 동안 공을 들여 만들었다. 지금도 여수 해양경찰교육원에 갈 때마다 충혼탑에 들러 묵념을 하며 그들의 숭고한 넋을 기린다. 국민의 재산과 생명을 위해 하나밖에 없는 목숨을 아낌없이 바치신 그 마음은 영원히 우리가 기억해야 할 일이다.

퇴직한 이후 아는 지인으로부터 브런치 작가에 한번 지원해 보라는 권유를 받았다. 브런치 작가가 되는 길이 좀 어려워서 서너 번 떨어진다는 설명도 같이 해주었다. 글을 쓰는 일은 약간 자신이 있어서 설마 내가 떨어질까 하는 생각이 들었지만 은근 걱정이 되었다. 그래서 유튜브에 올라온 브런치 작가 되는 노하우 영상을 여러 개 보니 그 방법을 자세히 알 수 있었다. 브런치 작가 신청을 하고 3일인가 지나니 메일로 '축하합니다'라는 답장이 왔다. 오랜만에 축하한다는 소식을 받으니 기분이 좋았다.

브런치라는 플랫폼에 글을 쓰는 일이 낯설고 조심스럽다. 왜냐하면 인터넷상에 올라가면 다시 회수하기가 불가능하기 때문이다. 공개는 하지 않고 시간 있을 때마다 여러 가지 주제로 글을 쓰고 있다. 핸드폰으로도 쓸 수 있기 때문에 편리하다. 이렇게 해서 나는 '브런치 작가'라는 또 하나의 이름을 가졌다. 작가의 서랍에 요즘 '지금 강의하러 가는 중입니다'를 꾸준히 올리고 있다. 매주 목요일마다 대학 강의 갈 때 느꼈던 감정과 강의 주제별로 생각을 정리하고 있다.

7월에는 해남 땅끝마을 〈인송 문학관 토문제〉에 입주해서 한 달 동안 글만 쓸 예정이다. 우연한 기회에 그곳에서 입주 작가를 모집한다는 공고를 보고 신청했는데 운이 좋게 선정되었다. 숙식비도 전혀 받지 않고 예술인들에게 창작 작업 공간을 지원해 주는 박병두 대표님이 대단하시다. 그곳에 간 적은 없지만 바다 앞에 한옥으로 지은 문학관에서 사람도 만나지 않고 오로지 집중해서 글만 쓴다고 생각하니 벌써부터 7월이 기다려진다.

매일 쌓이는 브런치 스토리 서랍에 있는 글도 언젠가는 공개해서 인터넷상 독자와도 만날 날이 올 것이다. 살면서 느끼는 작은 기쁨을 남들과 공유하면 어떨까 하는 생각이 들 때도 있다. 손을 내밀기만 하면 문학의 숲에서 한껏 살 수 있다. 이 환경이 그저 감사하다.

# 모교에서의 '꿈 강의'

모교인 인천여자상업고등학교(이하 인천여상)에서 2학년 후배들에게 '꿈강의'를 하러 갔다. 76년 전통과 역사가 있는 인천여상 정문의 위치는 변해 있었고 정문 입구에 있던 '세심(洗心)'이라고 쓰인 돌 표석은 없어지고 아름드리 은행나무만 교정을 묵묵히 지키고 있었다.

하얀 카라가 특징인 우리 학교 교복은 그 당시 무척 인기가 많았다. 교련 선생님(여성)과 함께 찍은 사진을 보면 앳된 얼굴의 나는 너무 좋아서 어쩔 줄 모르는 표정이었다. 점심시간에 방송반 친구들이 틀어주던 '아드린느를 위한 발라드', '소녀의 기도'가 들리는 듯하다. 바람이 불 적마다 노란 은행잎이 눈처럼 날리곤 했는데 오늘 보니 앙상한 가지만 남아있다. 그때도 나는 문학소녀였다. 아침이면 친구들이 등교하기 전에 이쁜 편지지에 편지를 써서 책상 위에 올려놓곤 했다. 그때 편지를 주고받은 친구들과의 우정은 40여 년이 지난 지금도 이어지고 있다.

교장실에 들러 선생님께 인사 드린 후 강의 준비를 했다. 새로 리모델링한 '나래관'은 그동안 얼마나 학생들을 위해 공을 들였는지를 알 수 있을 정도로 정갈했다. 무역외국어과(국제통상과), 회계금융과, 경영사무과, IT크리에이터과(디지털정보과)로 교실이 세련되게 구성되어 있는 것이 특별했다. 실습실은 대학교 강의실처럼 인테리어가 되어 있고 언제든지 실습이 가능한 카페와 도서관은 정말 마음에 들었다. 후배들이 좋은 환경 속에서 공부하고 있음을 보니 마음이 매우 뿌듯했다. 마이크도 맑게 잘 나오니 기분이 좋았다. 2학년 대상으로 선배의 경험을 들려주는 1시간짜리 강의다.

〈청소년이여, 희망을 찾아서 도전!〉

이런 주제로 내가 살아왔던 이야기를 들려주었다. 후배들의 생각을 알고 싶어 집에서 준비한 설문서를 나눠주었다. 현재 가장 고민이 되는 일, 가장 궁금한 일, 가장 기억에 남는 일 등 5가지 문항을 만들었다. 후배들의 고민은 내가 예상한 대로 취업과 진학이었다. 감사하게도 내 강의를 듣고 앞으로의 진로를 결정하는 데 많은 도움이 되었다고 전했다.

마지막으로 나의 자작시 '그대에게'를 배경음악과 함께 낭송했더니 무척 좋아했다. 후배 2명에게 내 시집에 싸인을 해서 선물로 주었다. 매년 20개씩 목표를 세워 하나씩 실천하는 모습이 기억에 남았다고 했으니 강의를 한 목적을 이루었다. 내 강의를 듣고 후배들에게 조금이라도 일조를 했다면 기쁨으로 삼을 것이다.

　최근 5년간 600여 명이 공무원, 공기업, 금융기관, 대기업 등에 취업하고, 700여 명이 인천대, 인하대 등에 진학했다고 하니 은근히 모교에 대한 자부심이 들었다. 성공적인 사회진출을 한 선배들 중 내 이름이 들어있는 것을 보니 쑥스럽기도 했다. 어딜 가든 인천여상 졸업생임을 자랑스럽게 여기고 있다.

　여고 때를 생각하면 나는 조용하고 별로 눈에 띄지도 않았다. 성격이 크게 모나지도 않았고 쾌활하지도 않았으니 나를 기억하는 동창은 그리 많지는 않을 것이다. 작년 인천여상 홍보 동영상을 찍을 때 동문회장님의 부탁으로 경찰 정복을 입고 후배들에게 희망 메시지도 전달했다. 돌이켜보면 오늘의 나는 쉽게 포기하지 않는 끈기와 추진력이 그 바탕이 되지 않았나 싶다. 인생은 끝까지 가 봐야 알 수 있다. 나 자신을 믿고 나는 잘될 것이라는 확신이 오늘의 나를 만들었다고 할 수 있다.

　2000년 초, 경위 때에도 모교에 와서 후배들에게 특강을 한 기억이 있는데 이제는 더 성장한 선배로서 안내할 수 있었다. 똘망똘망한 눈으로 나를 쳐다보던 모습을 잊을 수 없다. 우리는 현재 주어진 것에 불편하지 않고 지금 가지고 있는 것을 잘 활용하고 개척해야 한다. 꿈을 이루는 자는 생각만 하지 않는다. 오늘 걷지 않으면 내일은 뛰어야 한다. 하나라도, 조금씩이라도 그 꿈을 위해 한 발짝 다가가야 한다. 실패와 작은 좌절을 구별할 줄 알고 어렵더라도 잘 견디어 내야 목표한 것을 이룰 수 있다.

학교 나래관에서 기념사진을 찍으면서 나는 생각했다. 이렇게 모교가 있다는 것이, 우리를 바른길로 안내하는 선생님이 계시는 것은 커다란 행복이다. 오늘, 지금 내가 가지고 있는 능력을 최대한 발휘하고 개발한다면 못 할 것이 없다고 감히 장담한다. 그 증거는 바로 '나'이다.

# 문화공간 다누리 '휴먼북' 활동

인천교육청 산하에 '다누리'라는 청소년 문화공간이 있다. 이 곳은 1984년 건축되어 35년간 인천광역시 교육감 관사로 쓰던 것을 개조하여 2019년 9월부터 청소년들과 시민을 위한 문화 공간으로 사용 중이다. '다누리'는 누구에게나 열린 소통의 공 간으로 북카페, 문화예술창작 및 동아리 활동 장소로 쓰이고 있다. 꿈많은 청소년들의 내일을 향해 고민하고 이야기하는 '휴 먼 라이브러리(Human Library)'인 것이다.

'휴먼 라이브러리'란 단어가 처음에는 낯설게 느껴졌다. 이는 책 대신 재능이나 경험을 기부한 휴먼북(Human Book)으로 이루 어진 도서관을 말한다. 책이 아니라 '사람(휴먼북)'을 빌리는 것이 다. 우리가 책을 빌려 읽듯이 책으로 등록된 여러 분야의 사람 들을 대출하여 그들이 가진 경험과 지식, 정보를 실제로 만나서 들려주는 새로운 방식의 도서관이다.

2020년 9월 '다누리'에서 휴먼북 제의가 들어와서 흔쾌히 승낙했지만 코로나19가 심해서 과연 그들이 요청할 때 갈 수 있을지 걱정이 되었다. 당시 중부지방경찰청 기획운영과장 직책을 맡고 있어 외부 강의는 매우 조심스러웠다. 그래서 '시인이 되는 길'이란 주제로 강의록을 문답 형식으로 작성해서 메일로 제출했다. 가만 생각해 보니 내가 살아있는 책이 되는 셈이었다. 내 경험을 자세하게 다 전해주지 못해 아쉬움으로 남았다. 비록 대단하지는 않지만, 나의 재능기부는 한창 꿈을 꾸는 청소년에게 의미가 있는 일이었다.

2011년에도 여성가족부에서 실시하는 '대표 멘토'에 참가하여 1년간 재능을 기부한 적이 있다. 그 당시에는 취업 준비생의 고민을 들어주고 그에게 구체적인 도움을 주는 일이었다. 대표 멘토로서 여러 사람 앞에서 강의도 하고 강원도에서 서울까지 올라가 멘티의 고민도 들어주고 그에게 필요한 자료도 구해주면서 도와주었다. 경찰이 되고 싶어 하는 멘티에게 용기도 주고 방법도 자세히 알려주며 중간중간 잘 되고 있는지도 점검도 했다. 나의 멘티는 그 후 경찰은 되지 못했지만 다른 곳에 취업해서 잘 살고 있음을 나중에 전해 들었다.

퇴직해서 휴먼북을 잊고 지냈는데 2022년 7월 어느 날 휴먼북 담당자한테 전화가 왔다. 저번에는 '시인'으로 휴먼북이 되었는데 이번에는 '나도 해양경찰이 될 수 있다'는 주제로 동영상 촬영을 할 수 있게 해달라는 것이었다. 아직도 코로나 때문에 대면 교육이 어려운 것 같았다. 사실 동영상 촬영은 무척 부담스러웠다. 사진 한 장을 찍을 때도 많이 어색했는데 동영상 촬영은 더욱 그랬다. 그래도 나에게 도움을 요청해 왔으니 기분 좋게 승낙을 하고 촬영 날짜를 잡았다. 질문서를 메일로 받고 생각을 정리했다. 해양경찰이 하는 일, 근무하면서 가장 기억에 남는 일, 힘들었던 일, 해양경찰이라는 직업의 매력, 나를 움직이게 하는 원동력 등 10개의 질문이었다.

　말로만 듣던 다누리 공간은 생각보다 아담하고 정갈했다. 고등학교 여학생 한 명이 인터뷰를 하고 또 한 명은 동영상 촬영을 하고 남학생 1명이 옆에서 도와주었다. 장소가 아무 장식도 없는 하얀 벽으로 되어 있어서 다른 장소를 물색했으나 학생들의 왕래가 빈번하여 조용한 곳이 없었다. 나중에 촬영한 것을 보니 예상한 대로 분위기가 너무 딱딱하게 보였다. 좀 더 아늑한 곳에서 했으면 나았을 것을 하는 아쉬움이 남았다.
　질의하는 여학생은 매우 차분하게 진행을 잘 했다. 되도록 아이들이 잘 이해하도록 쉬운 말로 답변을 했다. 이 인터뷰가 한창 자라고 있는 청소년들에게 조금이나마 도움이 되었으면 하는 바람이 들었다.

다음에 또 휴먼북 대출 신청이 오면 지면이나 동영상이 아니고 직접 만나서 눈을 마주치며 그들이 궁금해하는 이야기를 해주고 싶다. 해양경찰이 되어서 국민을 위해 일한다는 것이 얼마나 멋진 일인가를 직접 들려주고 경찰이 되는 방법도 아주 자세하게 알려줄 것이다. 나는 이렇게라도 조금이나마 이 지역사회에 보탬이 되는 일을 하고 싶다. 이다음 더 나이를 먹더라도 나의 경험이 그들에게 시행착오를 거치지 않고 자기 삶을 잘 설계할 수 있도록 인생 선배가 되어 조언해야겠다. '경험'이 바보가 다니는 학교라고 하지 않았던가!

# 대학 강단에 서다

드디어 합격 문자 메시지를 받았다. 한서대학교 해양경찰학과 대우부교수가 된 것이다. 꿈을 꾸면 그 꿈을 닮아간다는 말이 실현되는 순간이다. 이제 대학교 교수가 되어 미래의 해양경찰관을 꿈꾸는 학생들을 가르치게 되었다. 첫 학기라 우선 교양 필수인 '자기이해와 리더십 개발' 과목을 담당했다.

고속도로로 접어들자 기운이 확 달라졌다. 봄이 왔다. 삭막한 아파트에서 느끼지 못한 봄이 와락 가슴으로 들어왔다. 내가 신입생이 된 듯 마음이 설렜다. 드디어 첫 강의가 있는 날이다.

첫 수업이니 단정하고 젊은 이미지로 학생들과 첫 대면을 하고 싶어 밝은 주황색 정장을 입고 갔다. 조각 작품이 있는 아름다운 대학교 교정이 한눈에 들어왔다. 여기저기 걸려있는 플래카드가 새 학기임을 알렸다. 강의실은 지난번 원격강의 안내가 있던 날 확인하고 갔던 터라 자신 있게 강의실로 걸어갔다.

USB를 꺼내 전자교탁에 오늘 강의할 내용을 복사해서 깔았다. 교재와 참고도서를 몇 번씩 읽어보고, 각종 자료를 종합해서 만든 PPT에 오자, 탈자가 없는지 다시 한번 확인했다.

"좋은 아침입니다!" 큰 소리로 인사했다. 학생 몇 명이 쳐다보며 웃었다. '이 기분은 뭐지?' 이제 나는 해양경찰서장에서 대학교수로 다시 태어났다. 그동안 대학 등에서 리더십, 성인지 감수성, 성희롱 예방, 소통과 인간관계 등 특강을 많이 해보았지만 한 학기 동안 강의는 처음이었다. 비록 처음이지만 처음이 아닌 듯 능숙하게 프로처럼 해야 한다.

제2의 인생 설계를 '강의' 하겠다고 결심한 후 행정학 박사에 도전했으나 늦게 시작한 박사 과정 공부는 생각만큼 쉽지는 않았다. 지방 근무로 인해 공부는 더욱 어려웠으나, 지도교수님의 따뜻한 지도 덕분에 귀중한 박사학위를 취득할 수 있었다. '청렴 강사' 등 크고 작은 교육과정을 수강해서 기본역량을 키웠으며 특히, 해양경찰학교 교수로 2년간 근무할 당시 전문적으로 받은 '교수양성 과정'이 도움이 되었다.

수업을 설계하면서 우선 대학생들에게 꿈을 심어주는 것이 제일 중요하다고 생각하고 '만다라트 계획표' 120매를 구입해서 첫 시간에 학생들에게 나눠주었다. '만다라트 계획표'는 일본에서 투수와 타자를 함께 하는 유명한 야구선수 오타니 쇼헤이가 사용했던 표이다. 그는 고등학교 1학년 때 '8구단 드래프트 1승'이라는 큰 목표를 달성하기 위해 작은 목표를 세분화하여 64가지 실행 계획을 세웠는데 쓰레기 줍기와 심판을 대하는 자세까지 담겨 있다는 것이 놀라웠다.

학생들에게 인생 목표를 왜 세워야 하는지 중요성을 강조하고 한 주에 큰 목표 하나씩 세워 중간중간에 코칭을 해주며 6주째에 '만다라트 계획표'를 제출하게 했다. 일주일 내내 집에서 학생들이 제출한 계획표를 꼼꼼하게 읽어보고 격려의 글을 정성껏 써서 나눠주었다. 계획표를 완성한 학생도 있고 작성 중인 학생도 있었는데 그들이 그렇게 자신을 돌아보고 계획을 세울 기회를 줄 수 있다는 것에 의미를 두고 싶었다.


리더란 특정 조직이나 집단의 목표 달성을 위해 행동하도록 다른 구성원에게 영향력을 행사하는 사람을 말하며 리더의 영향을 받아 이에 따르는 사람을 추종자(follower)라 한다. 리더에게는 열정, 지적 능력, 왕성한 에너지, 자신감, 견제 능력, 긍정적인 마인드, 뛰어난 판단력과 결단력이 필요하다.

교수인 나는 리더이고 학생들은 추종자라 할 수 있다. 지금 나의 역할은 대학교의 교육 이념에 맞게 추종자를 안내하여 목표를 달성하는 일이다. 학생들에게 지식만을 전달하는 교수가 아니라 비전을 설정하고 그 비전을 이룰 수 있도록 도와주는 것이 이번 학기 내 임무이기도 하다. 한 학기 동안 고전적 리더십 이론은 물론 거래적 리더십, 카리스마 리더십, 감성 리더십, 셀프 리더십 등 현대적 리더십 이론을 공부하고 바람직한 리더십 기법과 리더십을 개발하여 그들이 올바른 리더로 성장할 수 있도록 코칭해 주는 교수가 되어야 한다.

학생들의 꿈도 매우 다양하고 목표도 다양했다. 승무원, 관제사, 조종사, 항공기 정비사, 경호원, 치위생사 등 목표를 잘 이룰 수 있도록 우리 학생들은 꼼꼼하게 작은 목표로 세워 64개 칸을 채워갈 것이다. 아울러 그 계획을 실천할 수 있도록 스스로 노력할 것으로 믿는다. 120명의 리더가 태어나도록 최선을 다해 연구하고 안내할 것을 생각하니 벌써부터 가슴이 벅차다. 내 가방에는 학생들에게 나눠줄 초콜릿과 선물이 항상 준비되어 있다. 학생들 만날 생각에 가슴이 설레는 것을 그들은 알까?

제6부

/

# 마지막에 웃는 사람이 되자

# 소중하지 않은 순간은 없다

돌이켜보면 해양경찰관으로서의 삶은 순간순간 최선을 다한 시간이었다. 고등학교를 졸업하고 작은 개인회사를 다니며 공무원이 되기 위해 하루도 빠지지 않고 새벽반 학원에 다녔던 때에도 언젠가는 내 꿈이 진정으로 이루어질 것이라는 확신을 가졌다. "꿈이 커야 조각이 크다."라는 말이 있지 않은가! 순경에서 시작하여 총경까지 진급할 때마다 느꼈던 그 희열을 잊을 수 없다.

아이들이 초등학교 3학년, 5학년 때부터 엄마가 공부한다고 독서실에 가서 밤 12시에 집에 왔으니 지금 생각하니 아이들에게 특히 미안하다. 그래도 아이들 소풍 갈 때 김밥을 가게에서 사서 보내지 않고 새벽 4시에 일어나 내 손으로 정성스럽게 만들어서 보내곤 했다. 지금 생각하면 그 일이 나에게는 무슨 커다란 사명감처럼 여겨졌다. 직장 때문에 학교 운영회도 참석할 수도 없었고 선생님을 찾아가 제대로 상담도 받지 못했다. 그래도 아이들이 아무 사고 없이 초, 중, 고, 대학교를 모두 잘 마칠 수 있었으니 그 또한 복이었다.

큰딸은 생후 3개월부터 제물포에 사는 언니가 키웠다. 언니네 집에서 월요일부터 토요일까지 지내면 토요일에 퇴근해서 계산동 우리 집에 딸을 데리고 왔다. 그래서 중간중간 아이가 뒤집거나, 기는 역사적인 순간을 같이 못 해 아쉬움이 많다. 딸은 월요일 아침까지 같이 지내고 다시 언니네 집으로 보내졌다. 출산휴가 2개월을 마치고 딸을 제물포 언니네 집에 맡기고 오던 첫날, 계산동 우리 집으로 돌아오는 내내 부끄러운 줄도 모르고 버스 안에서 엉엉 울었다. 그 당시 토요일은 오전만 근무하던 때여서 딸을 다시 데려오는 토요일이 되기를 기다렸다.

자동차가 없던 시절이라 딸을 업고 제물포에서 전철을 타고 부평역에서 내려서 계산동까지 버스를 타고 갔다. 어설프게 포대기로 아이를 업고 기저귀 가방까지 챙겨 들고 가는 퇴근길은 멀고 힘이 들었지만, 아이와 같이 이틀을 지낼 수 있다는 것이 커다란 기쁨이었다. 결국 둘째 아들을 낳고 언니네 집 가까운 곳으로 이사를 했다. 그리고 매일 아이들과 함께 지내는 기쁨을 누렸다. 지금 그 딸아이가 결혼해서 아들을 낳아 열심히 키우는 모습을 보면 기특하기도 하고, 많이 미안하기도 하다. 어릴 때 늘 함께하지 못함이 기슴에 걸린다.

아무도 안 간 길을 처음 시도하는 일은 어렵다. 나이 49살에 함정 근무하겠다고 지원해서 태안해양경찰서 1507함 경비함정에서 거친 파도와 싸우며 불법조업 외국 어선을 단속하며 함정 직원들과 함께 생사고락을 함께한 1년은 진주처럼 소중하고 값진 경험이었다. 함정훈련을 위해 한 달 동안 인천 집에도 가지 않고 이론 공부하며 어떻게 하면 직원들과 안전하게 지낼 수 있을지 고민하고, 기관실, 조타실 등 함정 구석구석을 살피며 지냈던 시간들….

혹여 여성 부장이라 작은 실수에도 꼬투리 잡힐까 봐 밤에 잠도 자지 않고 노력했던 소중한 기억은 생생하다. 높은 파도에도 불구하고 불법조업 외국 어선을 나포하고 함정에 돌아온 단정요원을 위해 맛있는 간식을 준비하고 고생한 그들이 너무 대견해서 일일이 손을 잡고 격려했던 일은 아주 오래 기억될 것이다. 뜨거운 여름날 경비함정을 수리하러 가서 직원들과 함께 페인트를 칠했던 일, 직원들을 위해 해물 부침개를 만들었던 일들도 생각난다.

동해, 울진, 평택, 태안 등 지방 근무할 때도 혹 상관이 여성이라 불편해하지 않을까 더 세심하게 관심을 기울이고 업무에 임했다. 기획운영계장 업무를 하면서 청사 관리 등을 위해 순찰도 더 자주 하며 챙겨서 직원들이 어려워했는지도 모르지만 그래도 큰 문제 없이 잘 수행할 수 있었다. 성과관리팀장, 수상레저계장, 경리계장, 해양안전과장, 직무교육훈련센터장, 해양경찰서장 등 맡은 직책에 온 힘을 다했다.

하루하루를 가슴은 시인의 마음처럼 뜨겁게, 머리는 과학자의 이성처럼 냉철하게 지내왔다. 때로는 여성이라서 더 잘할 수 있는 부분이 많았다. 업무를 수행하는 데 성별이 문제가 되지 않았다. 각자 그 사람의 성향이고 성격에 따라 좌우되는 것이다. 제일 무서운 것은 선입견과 편견이다. 그것들을 뛰어넘어 최선을 다했다고 감히 이야기할 수 있다. 돌아보니 다 멋진 시간이었다.

# 행복한 직장생활 노하우

여수해양경찰교육원에서 연락이 왔다. 지금 교육받고 있는 신임 순경 과정에서 강의를 해달라는 요청이다. 〈슬기로운 해양경찰 성공전략〉이란 제목을 뽑아냈다. 교육은 일단 흥미가 있어야 한다. 강의실에 들어서니 잔뜩 기대하는 모습이었다. 후배들에게 정성껏 나의 경험과 함께 인간관계 중요성 등을 들려주었다. 강의가 끝나자 후배들이 나를 따라오며 시간이 짧아서 아쉬웠다고 했다.

내가 이번 강의에서 가장 강조한 것은 소통이었다. 소통에는 언어적 소통과 비언어적 소통이 있다. 말은 한번 하고 나면 주워 담을 수가 없으며 잘못 한 말은 그 사람에게 영원한 상처로 남는다. 그렇기 때문에 항상 생각하고 말하는 버릇을 길러야 한다. 비언어적 소통은 표정, 눈빛, 태도인데 이것 또한 습관을 잘못 들여놓으면 평생 간다. 힘들 때 곁에 와서 아무 말 없이 어깨를 툭툭 두들겨 주는 격려가 많은 힘이 된다는 것을 경험했을 것이다. 특히 직장생활에서 소통의 중요성은 잊지 말아야 한다. 내가 강의를 마무리하면서 보너스로 교육생들에게 알려준 행복한 직장생활 노하우는 다음과 같다.

**첫째, 현 부서에서 최선을 다하고 업무 성과를 객관적인 자료로 관리해야 한다.** 첫 발령지가 마음에 들지 않는다고 대충 일하면서 나중에 마음에 드는 부서에 가서 잘하겠다고 마음먹는다면 큰 오산이다. 지금 근무하는 곳에서 잘해야 다음 발령지에 잘 갈 수 있다. 인사철에 5군데 이상 부서에서 같이 근무하자고 제의가 들어올 정도가 되려면 현재 부서에서 인정받도록 최선을 다해 열심히 업무를 잘해야 한다. 그리고 성과를 잘 내서 자료를 관리하면 내가 가고 싶은 부서에 갈 기회가 생긴다.

**둘째, 1년 동안 인사기록 카드에 단 한 줄이라도 늘릴 수 있도록 노력해야 한다.** 노력은 배신하지 않는다. 교육, 표창, 각종 자격증 취득 등을 추가하여 고여있는 물이 되게 해서는 안 된다. 사람이 게을러 보일 수가 있다. 교육은 기회가 될 때 가서 자신의 역량을 키울 수 있도록 노력해야 한다. 이 말은 늘 잊지 말고 명심해야 한다.

**셋째, 휴먼네트워크를 잘 관리해야 한다.** 오프라 윈프리는 "당신에 버금가거나 당신보다 나은 사람들로 주위를 채워라"라고 했다. 폭넓은 인간관계를 구성하기 위해서는 마음에 드는 사람만으로는 한계가 있다. 다른 부서도 기웃거리며 외부 네트워크를 잘 구축하자. 그러면 언젠가는 그들에게 많은 도움을 받을 수 있다. 나 혼자서 다 할 수는 없다. 외부 기관에서 하는 회의 등에도 적극적으로 참석해서 많은 사람을 사귀어 놓는 것이 유용할 수가 있다.

**넷째, 자신감을 가져야 한다.** 우리는 업무를 하면서 리스크도 감수할 수 있어야 한다. 그렇게 되기 위해서는 내 업무에 프로가 되어야 한다. 우물쭈물은 이제 그만하고 당당하게 요령껏 거절할 수 있는 사람이 되어야 한다. 자신감을 갖기 위해서는 정확한 지식을 기본으로 해야 함은 물론이다. 이 자신감은 리더가 되었을 때 부하 직원보다 많이 알고 있음으로써 얻을 수 있는 요소이기도 하다.

**다섯째, 꾸준히 공부하고 책을 읽어야 한다.** 공부는 타인의 권리를 침해하지 않고 내가 원하는 것을 얻을 수 있는 좋은 방법이다. 또한 책은 나를 더욱 성장하게 하는 좋은 매개체이다. 책을 읽을 때는 중요한 것을 메모하고 그것을 항상 볼 수 있도록 주위에 가까이 두어야 한다. 책 속에 다른 경험이 숨어있음을 기억하자.

**마지막으로 업무 외 시간을 투자해야 한다.** 자신에게 부족한 부분을 보충할 줄 아는 사람이 되어야 한다. 만능인 사람은 없지만 부족한 부분을 채우기 위해 노력하는 사람은 많다. 외국어, 컴퓨터 등 모자란 부분을 꾸준히 보완할 줄 아는 사람이 되어야 발전이 있다. 그것이 새벽이면 더욱 좋다.

강의를 끝내고 난 후에 설문조사를 했더니 무엇보다도 슬럼프에 빠졌을 때 어떻게 했는지와 육아를 어떻게 하는지를 궁금해했다. 그들이 듣고 싶어 하는 것을 이제야 정확하게 알 수 있었다. 혹 다음에 강의 제의가 오면 이런 부분을 더 보강해서 준비해야겠다고 생각했다.

이제 첫 해양경찰을 시작하는 그들에게 내가 걸어온 길이 작은 길잡이가 되었으면 좋겠다. 현장에 가면 많은 어려움과 시행착오를 거칠 것이다. 언젠가는 나의 강의를 듣고 목표가 다시 생겼다는 전화가 한 통 왔으면 좋겠다.

# 사랑은 늘 아름답다

무슨 일이든 사랑하지 않고는 해낼 수가 없다. 그게 일이든 가정이든 인연이든 사랑이 있어서 가능하다. 직장생활을 통해 얻은 결론이다. 물론 그 시간 속에 항상 사랑만 존재했던 것은 아니다. 그래도 사랑은 무엇이든 가능하게 하는 놀라운 마력을 지닌 것은 분명하다.

내가 가는 곳마다 그곳에서 최선을 다해 일을 사랑했기 때문에 해양경찰 1호 여성 총경이 되었으며 2번의 해양경찰서장이라는 막중한 임무를 잘 마치고 정년퇴임을 했다고 생각한다. 하위 계급일 때는 선배님에 대한 신뢰와 믿음으로 일을 배우고 따랐으며 직급이 올라가면 올라가는 대로 직원들과 격의 없는 소통을 통해 사랑의 마음을 전하고자 노력했다. 내가 모셨던 선배님들께서 해양경찰청에서도 어서 여성 총경이 나와야 한다며 한마음으로 후원해주셨던 마음이 사랑이 아니고 무엇이겠는가?

그래도 지금 돌이켜보면 마음에 걸리는 직원이 몇 명이 있다. 내가 그들을 진정으로 미워해서 그렇게 행동한 게 아니라는 것을 알아주기를 바라는 마음은 내 욕심일까?

문학을 사랑하는 마음은 나를 시인으로, 수필가로, 브런치 작가, 시낭송가로 만들었다. 시 모임이 있는 날이면 그 주는 더욱 활기차고 좋았다. 그 시간만큼은 오롯이 문학을 논할 수 있었으니 말이다. 시낭송가로 활동하며 내 시를 낭송하는 기쁨은 유난히 컸다. 낭송가들이 심혈을 기울여 시인의 시를 낭송한다는 것을 알아줘야 한다.

무엇보다도 사랑하는 가족이 있다는 것은 제일 큰 기쁨이었다. 첫 아이를 낳고 나니 돌아가신 엄마가 그리워서 남편 모르게 혼자 많이 울었다. 그 생각이 나서 내 딸에게만큼은 사랑하는 엄마가 곁에 있다는 것이 얼마나 고맙고 든든한 것인가를 깨닫게 해주고 싶었다. 너무 먼 울산에 살고 있어서 수시로 돌보지는 못했지만, 그곳에 가면 온 힘을 다해 딸을 위해 음식을 만들어 먹이며 돌봐주었다.

사람이 온다는 것은 / 실은 어마어마한 일이다 / 그는 / 그의 과거와 / 현재와 / 그리고 / 그의 미래와 함께 오기

때문이다 / 한 사람의 일생이 오기 때문이다 //

「방문객」 일부 (정현종 시집, 『광휘의 속삭임』 中)

나는 가끔 정현종 시인의 시를 떠올린다. 이 세상에 태어나 자기와 가장 닮은 사람을 남겨 놓고 떠난다는 것은 얼마나 위대한 일인가. 딸 하나, 아들 하나 남 부러울 것이 없다. 다만 아쉬운 것은 아이를 한 명 더 못 낳은 것이다. 적어도 셋은 있어야 한다는 것이 내가 원래부터 가지고 있던 생각이었다.

그러나 세 번이나 출산휴가를 갈 자신이 없어서 포기해 버렸다. 경위 시험을 2번 떨어지고 갔을 때 온 가족이 모여서 촛불을 켜고 나를 위로해 준 일은 영원히 잊지 못할 것 같다. 가족이 곁에서 사랑으로 격려해주었기 때문에 다음 해에 합격할 수 있었다.

평택해양경찰서장으로 임무를 마치고 이제 모든 공직생활을 뒤로하고 공로연수 발령받아 떠나던 날. 평택해양경찰서에서 퇴임식 같은 이임식을 해준 직원들의 마음도 사랑으로 가득했기 때문에 가능한 일이었다. 이임사 첫 줄을 읽고 울음이 북받쳐서 다음 줄을 읽지 못할 때 박수를 쳐주며 응원을 해주었던 고마운 직원들. 이것 또한 사랑이 아닐까?

이제 전혀 다른 세상에 왔다. 똑같은 세상인데 내 곁에는 존경하는 상사도, 나를 따랐던 직원도 하나 없다. 그것은 예상하지 못한 일이 아니다. 이제 나는 그동안 받은 사랑을 하나씩 하나씩 나눠 주어야 한다. 그들에게 고마움을 갚는 일이다. 너무 옛날을 그리워하지 말고 오늘을 그대로 받아들여야 한다. 홀로 서서 이 아름다운 세상을 더욱 아름답게 만들어야 하는 사명이 있다. 유난히 파란 하늘의 흰 구름, 그 아래 쏟아지는 햇살에 가득 가을이 담겨 있다. 이 가을에는 곱게 물든 단풍잎도 많이 주워서 편지지에 담고 싶다. 그동안 고마웠던 사람들에게 가을 편지를 보내야겠다. 그동안 잘해주어서 고맙다고, 영원히 잊지 않고 사랑하겠다고.

# 슬럼프 벗어나기

### 자기 암시

살면서 진짜로 힘들었던 순간을 떠올려본다. 돌아보면 앞으로도 갈 수 없고 돌아갈 수도 없던 때도 많았던 것 같다. 그럴 때마다 나를 탓하지 않았다. 자신의 능력과 가치를 중요하게 여기는 자존감과 나는 잘 할 수 있을 것이라는 믿음이 유효했다.

민음은 잠재의식 속에서 보내는 자기 암시이다. 나의 의식 속에서 믿음이라는 비료를 줌으로써 깊은 슬럼프에서 벗어날 수 있었다. 누구의 힘도 빌리지 않고 있는 그대로의 나를 존중하고자 했다. 나의 자존감을 향상시키기 위해 자신에게 친절하기, 남과 비교하지 않기, 자기 장점 칭찬하기를 반복해서 했다. 나에게 용기를 주고 나를 소중하게 여기는 일, 그것이 제일 중요했다. 그리고 오뚜기처럼 다시 일어났다.

## 가족의 힘

진급 시험에 떨어질 때마다 무척 힘들었다. 그때 가족들의 위안으로 그 긴 터널을 빠져나올 수 있었다. 나를 믿고 지지해 준 가족. 매일 저녁 공부한다고 독서실에 가서 12시가 넘어야 돌아오는 나를 원망하지 않고 자기 할 일을 스스로 해주어 부담을 덜어주었다.

또한 나의 고민은 산책하면서 남편과의 대화를 통해 해결할 수 있었다. 직장생활 중 힘든 상사와 같이 근무한 적이 몇 번 있었다. 집에 와서 힘든 사항을 이야기하면 그는 내 이야기를 아무 말 없이 묵묵히 들어주곤 했는데 그러한 경청은 놀라운 힘을 발휘했다. 그가 해결책을 내주지는 않았지만 그렇게 이야기하는 동안 나 스스로 나의 문제점을 발견하고 해결책을 찾아낼 수 있었다. 아침저녁으로 남편과 함께하는 등산과 산책은 내가 더 성장할 수 있는 계기가 되었다. 이런저런 이야기를 하는 동안 남편의 새로운 면도 많이 발견하게 되었다. 남편의 포근한 고향 집 이야기는 나의 시 창작 소재가 되기도 했다. 서로를 더 이해하는 좋은 기회가 되었다.

## 나를 위한 위로

그러나 뭐니 뭐니해도 스스로에게 건네는 위로가 최고였다.

힘들 때나 무슨 일이 잘 안 될 때는 책을 읽고 글을 쓰는 일이 나를 일으키는 데 큰 힘이 되었다. 내가 가지고 있는 문제섬이 무엇인가 하나하나 글로 적다 보면 문제점의 문제점을 발견할 수 있었다. 그다음 해결할 방법을 찾아보았다.

'회복 탄력성'이라는 말이 있다. 크고 작은 역경과 시련을 도약의 발판으로 삼아 더 높이 튀어 오르는 마음의 근력을 말한다. 이는 인생의 역경을 이겨 낼 수 있는 잠재적인 우리의 힘이다. 이는 누구에게나 다 있다. 무슨 어려운 일을 당했을 때 그것을 긍정적으로 받아들여 뇌에 새기고 행동하는 습관이 중요하다. 그것을 부정하지 않고 이겨낼 수 있는 마음의 노력을 지속적으로 해야 한다. 나는 그 방법을 글로 써서 이겨냈다. 그동안 어려울 때마다 그것을 이겨내기 위해 했던 실행 계획이 노트에 빼곡하게 적혀있다. 그것들을 하나씩 지우면서 어려움을 극복해 나갔다. 고통을 이겨내고 이루어 낼 미래를 상상하며 자신에게 격려했다. 그 상상력은 나를 슬럼프에서 벗어날 수 있게 해주었다.

나폴레온 힐의 『성공의 법칙』에도 상상력의 무한한 가능성을 강조했다. 성취는 곧 상상력으로부터 시작된다고 했다.
'상상해봐! 한 경찰서의 지휘관이 된다는 것이 얼마나 멋진 일

이야! 이 정도의 고통을 너는 잘 이겨낼 수 있어.'

성공이란 명확하게 중요한 목표를 가지고 그것을 향하여 부단한 노력을 해야 한다. 목표를 가져야 지금보다 더 나은 단계로 발전할 수 있음을 주문처럼 외웠다. 그러다 보면 어느새 나는 다음 단계를 준비하고 있는 나를 볼 수 있었다.

### 혼자 산에 오르기

혼자 산에 오르면 생각이 많이 정리된다. 산의 높이는 그다지 중요하지 않다. 내가 살면서 감사한 것은 신체가 건강하다는 것이다. 오래달리기, 오래 매달리기도 잘하고 등산도 뛰어나지는 않지만 오래 걷는 것은 자신이 있다. 동해에서는 초록봉에 올라가 멀리 보이는 푸른 동해 바다를 감상하곤 했다. 힘들게 등산을 하면 할수록 성취감은 커진다. 그리고 세상에 사는 일이 별것 아니라는 자신감이 생기고 내가 당면한 문제만을 생각하기 때문에 집중력 또한 향상되는 것을 느낄 수 있다.

산에 올라가 세상을 내려다보면 개미만 한 사람들이 움직이는 것을 볼 수 있다. 그동안 내가 너무 좁게 생각하고 행동하지 않았나 하는 반성도 많이 한다. 더 넓고 높게 살아갈 이유를 하나씩 찾곤 한다. 인천 우리 동네 청량산은 내가 하도 올라다녀서 아마 많이 낮아졌을 것이다. 산을 오르는 것이 내가 슬럼프에서 벗어나는 데 한몫했다. 지금도 시간 날 때마다 산에 오르면서 생각을 정리한다. 그리고 올라가면 내려가는 일이 기다리고 있다는 평범한 진리도 잊지 않는다.

## 감사하는 사고 갖기

일이 잘되지 않을 때 사고는 온통 부정적이고 불만이 가득해진다. '왜 나는 이렇지?', '왜 일이 잘 안 풀리지?' 그렇게 생각하면 한없이 절망의 늪으로 빠지게 된다. '그래도 여기까지 온 것이 정말 다행이네.'라고 생각하면서 감사한 마음을 가져보는 일이 중요하다. 생각을 바꾸면 그것은 오히려 감사해야 할 일로 바뀐다. 나를 좀 더 성장할 수 있게 하고, 마음의 근력을 강하게 하는 계기가 된다.

2014년 같이 근무했던 계장님께서 직원들에게 감사 일기장을 선물했다. 감사 일기를 쓰면서 나의 힘든 하루하루가 조금씩 변하기 시작했다. 가만히 감사 일기를 펴고 힘든 일에 대해 깊이 생각하고 근원부터 살펴보면서 관점을 바꾸어 글을 썼다. 작은 일부터 감사하게 여기면 지금 내가 직면한 일은 별것이 아니란 결론을 내리게 된다.

아침에 아무런 사고 없이 출근한 것도 감사한 일이고, 출근할 직장이 있다는 것도, 가족 중에 아픈 사람이 없는 것도 감사한 일이다. 제일 중요한 일은 다른 사람과 비교하지 않고 내 삶을 온전히 들여다보는 것이다. 그러면 지금 내게 처한 어려움에 대한 해답도 나온다. 공기나 바람처럼 너무 당연한 것에 대해 감사한 마음을 느끼면 그 삶은 여유로워질 것이다. 없는 것에 대해 불만을 하기보다는 가지고 있는 것에 대해 고마움을 느끼며 사는 것이 중요하다.

처음에는 5가지씩 쓰는 것이 어려워서 3가지씩 썼다. 감사 일기장은 늘 책상 옆에 두어 언제든지 쓸 수 있게 했다. 평범한 일상이 점점 더 긍정적으로 바뀌어 갔다. 하루에 3가지라도 감사하는 마음을 가진다면 삶은 더 풍족해진다. 부정적이고 나쁜 일도 감사한 마음으로 '더 큰 일이 일어나지 않아서 다행이야', '이만한 것이 어디야.'라고 생각해 보자. 감사가 습관이 되면 세상 보는 관점이 달라진다.

# 내 삶에 버팀목이 되어준
## '詩'의 위안

작가는 작품 속에서 가치를 형성하고 창조하지만, 이러한 가치를 발견하고 음미하고 깨닫는 것은 오로지 독자의 몫이 된다. 나는 작가도 되지만 때로는 더 지독한 독자가 되어 스스로에게 위안을 주곤 한다. 나에게 있어서 시(詩)는 위안이다. 20대에 나를 지켜준 것도 시였다. 시는 삶을 고스란히 내보이고 있다. 아리스토텔레스는 문학이 독자에게 주는 심리적 영향에 대해서 '카타르시스'라는 무척 중요한 개념을 창시했다. 플라톤은 문학이 이성적 생활을 해야 하는 사람들에게 온당치 않은 감정을 터트리도록 자극을 준다는 이유로 '문학해독론'을 전개했다.

'카타르시스'나 '문학해독론'이나 다 독자 심리에 관심을 두고 있다는 공통점이 있다. 시는 이러한 의미에서 다른 문학 장르보다 나에게 더욱 다가왔는지도 모르겠다. 문학, 특히 시에 대한 갈망은 매우 컸다. '시작업(詩作業)'이라는 여성으로 이루어진 동인지를 결성하면서 그 갈망을 하나씩 하나씩 차분하게 채워나갔다. 매주 월요일마다 시론을 공부하면서 시 창작에 몰입했다.

　사람은 사회적 존재로 사람을 소재로 하는 일체의 작업은 사회학적 의의를 가질 수도 있다. 시인의 상상력의 소산인 허구를 사회양상과 결합하여 또 하나의 세계를 창조하는 과정을 거친다. 사회를 그대로 반영할 수도 있고 시적 장치인 '낯설게 하기'를 이용할 수도 있다. 내가 '해양경찰'이라는 직업을 가지고 시를 쓸 수 있었던 것은 이러한 사회적 존재로서 구별되지 않았나 하는 생각이 든다. 작가는 자기가 경험한 것을 가장 잘 알 수 있다. 그렇기 때문에 자기의 생활을 소재로 글을 쓴다. 그것은 지극히 당연한 일일 것이다. 매일 대하는 바다와 안개는 그래서 나의 시 속에 '소재'로 빈번하게 등장한다.

　특히 세 번째 시집 『바다에 남겨 놓은 것들』은 경비함정에서 근무한 1년이 고스란히 녹아있다. '출항'이라는 연작시 28편은 풍랑주의보가 내린 성난 바다와 유리처럼 잔잔한 한낮의 바다, 또 그 바다 위 경비함정에서 생활하는 직원들의 힘들고 어려운 삶이 표현되어 있다. 우리가 상상하는 낭만의 바다가 아닌 작가가 직접 경험한 사회가 그대로 반영되어 있다. '낯설게 하기' 장치를 이용하지 않더라도 한번 읽음으로써 독자는 그들의 삶을 영화를 보듯 느낄 수 있게 된다. 이것은 나에게 단점이자 장점이 되고 있다. 그리고 작품에 '따뜻함'이 담겨 있으면 족했다.

네 번째 시집 『그 바다에 가면』도 맥락을 같이하고 있다. 근무지가 지방으로 바뀌면서 작품의 소재는 더욱 더 '바다'에 가까워졌다. 8년 10개월이라는 기간 동안 가족과 떨어져 살면서도 견딜 수 있게 해준 것이 바로 '시'였다. 태안, 평택, 동해, 그리고 울진에 이르기까지 바다는 내가 길을 나서면 만날 수 있는 장소였다. 여름이면 해수욕장 안전관리를 위해 하루에도 몇 번씩 만나는 바다. 그곳에서 나는 아버지를 만나고 그리움을 만났다. 그리고 매일 나 자신과 싸우는 나를 만났다.

태안과 평택에서 만나는 바다는 늘 석양으로 물드는 이별의 장소였다. 각기 다른 모습으로 보여준 바다를 나는 그대로 글로 쓰기를 원했다. 매일 석양을 보는 것은 생각만큼 쉽지 않았다. 시간을 맞춰 노을을 만나는 일은 어려웠다. 그러나 동해와 울진에서의 만나는 바다는 늘 희망의 바다였다. 일출은 나에게 많은 위안을 주기에 충분했다. 매일 같이 가슴까지 물들이는 일출은 어려웠지만 나는 그래도 매일 새벽 5시에 일어나 바다를 만났다. 그리고 일출을 기다렸다. 기다림은 참으로 행복하다. 바다를 만나고 또 그곳에서 아버지를 만났다. 모래사장에서도 갯메꽃이 핀다는 것을 처음 알았다. 그것은 내가 사물에 대한 관찰의 깊이가 날로 달라지고 있음을 알려주었다. 매일 아침 똑같은 장소에서 똑같은 풍경을 찍는 것에 1년을 보냈다. 그것은 새로운 깨달음이었다. 일출은 정말 다른 모습으로 나에게 다가왔다. 똑같은 아침은 없었다. 그리고 네 번째 시집 『그 바다에 가면』을 만났다.

매일 아침 / 가슴까지 물들이는 / 일출을 보겠다는 게 / 얼마나 어리석은 / 욕심일까 // 해는 / 늘 구름 속에서 / 제 모습을 내보이지 않고 // 이제 막, / 오징어를 잡아 온 / 어부의 바쁜 손 아래 / 덕장은 / 오랜 그리움을 던져버리고 / 출렁거린다 // 아버지가 걱정스런 / 아들은 / 멀리서 / 안부 묻는 편지를 쓰고 // 갈매기는 / 연신 모래사장에서 / 다가올 겨울 바다를 / 걱정하고 있다 //

「후포 아침」 (시집 『그 바다에 가면』 中)

　돌이켜보면 내가 독자가 되고 작가가 되는 일은 참으로 기쁜 일이었다. 적어도 나에게는 그랬다. 문학이 세상을 구원하지는 않는다고 하더라도 적어도 나에게 문학은 구원이 되었다. 나에게 유일한 희망이었다. 내가 여러 가지 시적 장치를 사용해서 굳이 '낯설게 하기'를 하지 않더라도 내 시를 한번 읽고 작가가 참 따뜻한 사람이구나 하고 느꼈으면 좋겠다. 나의 시집 한 권에 수록된 시 중에서 단 한 편이라도 힘든 사람에게 작은 용기가 되어주었으면 더욱 좋겠다.

　버스를 타고 지나가면서 나의 따뜻한 시선이 정거장에 서 있는 어떤 이에게 어쩜 빛처럼 순간 느낄 수만 있다면 더 바랄 나위가 없다. 문득 가슴이 시리도록 추운 겨울 새벽 아침, 울진 후포 바다 하현달 위로 반짝이던 별 하나가 보고프다. 그리고 그곳에서 만난 모든 사람을 그리워하고 있는지도 모르겠다.

# 싱그러운 봄은 또다시 올 것이다

새벽에 일어나 창문을 열었다. 새벽 공기가 확 들어왔다. 확연히 달라진 바람 냄새. 봄, 그 봄이 다시 왔다.

옷을 입고 아파트 현관문을 나섰다. 이제 다시 새벽 산책을 시작했다. 일출 시각도 점점 빨라졌다. 이어폰을 꽂는다. 이 봄에는 남궁옥분의 '재회'를 듣자. 이 봄에 누군가를 만날 것 같은 이 싱그러운 기대. 벌써 많은 꽃이 피지 않았던가?

평택에서 근무하는 동안 〈슬기로운 의사생활〉에서 의사로 나온 김대명 배우가 불렀던 '가을 우체국'과 윤하의 '서쪽 하늘'을 새벽 산책길 시작할 때부터 끝날 때까지 되풀이해서 듣곤 했다. 그래서 그 음악만 들으면 평택이 생각났다. 울진 하면 고은성·권서정·백형훈·이동신의 'Si Tu Me Amas(당신이 나를 사랑한다면)'가 생각났다. 음악은 참 묘한 매력을 가지고 있다. 평택은 산책할 장소가 많이 없어서 아쉬웠지만 그래도 아파트를 끼고 자동차가 다니는 도로 옆을 걸으면서 음악을 들었다. 해바라기를 너무 촘촘하게 심어서 제대로 자라지 못해 안타까워하며 걸었던 길. 그 해바라기를 배경으로 얼마나 많은 사진을 핸드폰으로 찍었던가. 그리고 가을비에 초라하게 시들어가는 해바라기를 또 얼마나 안타깝게 바라보았던가.

아름다움도 때가 있고 영원한 것도 없다는 것을 아주 가까이에서 지켜봤다. 새벽 시간은 나에게 많은 도움을 주었다. 그날의 행사, 내가 강조해야 할 일, 직원들을 칭찬할 주제까지 전부 새벽에 준비했다. 지금 생각해 보면 그 시간이 매우 유용했다. 이제 나에게 다시 그 열정이 슬슬 생기기 시작했다. 무슨 일이든지 일단 시작하자.

오랜만에 화창한 햇빛이 창문을 통해 들어온다. 나는 가끔 내가 출근하고 아무도 없는 우리 집이 궁금했다. 빈집에서 햇살은 어디를 비추고 있을까? 영화 〈토이스토리〉처럼 사물들이 서로 이야기를 잘 나누고 있을까? 하루종일 주인을 기다리고 있을까?

퇴임을 했다. 이제 어디에도 푸른 제복을 입은 해양경찰관 총경 박경순은 없다. 무슨 일이든 하면 언론에 보도되는 주목받는 사람은 이제 없다. 나 없이도 세상은 아무런 변화도 없이 잘 돌아가고 있다. 단 하루 사이에 모든 것이 다 달라졌는데 누구하나 아쉬워하거나 다시 이름을 불러주거나 하지도 않는다. 당연하다. 곁에서 남편이 현실을 자꾸 일러준다. 이 시간에는 직원회의를 할 시간인데. 지금쯤은 둘레길을 걸을 시간인데. 그런틀을 깬다는 것이 제일 어려웠다.

그래도 다시 꼼꼼하게 계획을 세웠다. 내가 관심 있는 것과좋아하는 것들을 추려냈다. 65세까지는 강의를 하고 70세까지는 아는 이들에게 시낭송을 지도하며 꾸준히 시를 발표하고, 에세이집을 한 권쯤 발간하는 것으로 큰 그림을 그렸다. 가장가깝고 큰 계획은 유럽 여행이다. 그동안 나를 위해 외조를 아끼지 않은 남편과 같이 우리가 사는 이곳을 떠나 멀리서 내가살아왔던 시간을 돌아보는 일이다. 바쁘다는 이유로 함께하지못한 남편에게 고마움을 그렇게라도 보답해 주고 싶다. 무슨 일이든지 안 된다, 할 수 없다는 말을 하지 않고 나를 도와준 그를 위해 뭐라도 해주고 싶다.

어느 날인가 장은아의 노래 '고귀한 선물'을 듣고 혼자 울었던기억이 난다. '갈매기 날으는 바닷가에도 그대가 없으면 쓸쓸하겠네'라는 가사에서 남편을 떠올렸다. 남편이 없는 세상은 생각하기도 싫다. 그저 이 세상 끝날 때까지 남편과 함께 살다가 같이 갔으면 좋겠다.

싱그러운 봄이 또다시 올 것이다. 그때마다 볕 좋은 창가에서 또다시 작은 계획들을 세우고 그것을 실천하면서 그 봄을 잘 보낼 것이라 믿는다. 그렇게 몇 번의 봄을 맞고 봄을 보내리라. 물론 아프지 않고 건강하게 말이다.

# 나에게 보내는 편지

어제 해미읍성에서 성곽을 배경으로 휴대폰으로 사진을 찍었더니 파란 하늘과 흰 구름이 달력 속의 사진처럼 아름답게 나왔네. 그렇게 시간은 흘러가는구나.

해미읍성에 오면 이순신 장군이 생각나. 이순신 장군이 충청병마절도사의 군관으로 부임하여 이곳에서 10개월간 근무하셨다고 하네. 돌이켜보면 이순신 장군 같은 분도 안 계신 것 같아. 나라를 사랑하는, 한결같은 그 마음을 진짜 닮고 싶었어. 초등학교 때부터 가장 존경한 위인이 이순신 장군이었어.

참으로 오랜만에 나에게 쓰는 편지를 쓰네. 2006년인가 한국전자문학관을 만들어서 한 2년간 열심히 그곳에 글을 남겼던 일이 기억나는구나. 그때 나에게 쓰는 편지를 한 60통 연재했었어. 그때는 무슨 생각이 그리 많았는지 40대 나의 고민이 고스란히 들어있더라구. 나는 가끔 나와 똑같은 너를 만나고 싶었어. 만나서 실컷 이야기를 풀어놓고 싶었다구. 아무런 눈치도 보지 않고 말이야.

　지금껏 내가 만난 사람들은 다 좋았던 것 같아. 늘 아버지처럼 따뜻하게 내가 진급할 때마다 기뻐해 주신 선배님들, 고민도 잘 들어주고 명쾌하게 답도 주었던 분들, 그리고 같이 근무했던 동료, 후배들, 내 길고 어두웠던 젊은 20대를 시와 함께 잘 견디게 해준 시작업 동인들, 내항문학 동인들, 인천 문인협회 회원들, 부천시소리낭송회 회원들, 청솔 동기들도 생각나네. 항상 내 그림자처럼 나를 격려해준 여고 동창생 미경이, 상연이, 경자, 그리고 가장 가까이 있는 남편, 딸, 아들, 사위, 며느리, 언니에게도 고마움을 전하고 싶어.

　내 100세 인생 시계는 이제 저녁 7시를 막 넘어가고 있네. 이 시간이면 또 새로운 목표를 세우고 이루기에 충분하지? 80세도 넘은 나이에 한글을 배워서 연필로 눌러쓴 할머니 시인의 진솔한 시가 감동적이었어. 100세가 넘어서도 1,500m 세계 최고령 여성 수영선수 기록을 가지고 있는 나가오카 미에코(106세로 2021년 1월 19일 사망) 할머니 얘기 들어봤지? 그분은 80세 때 다친 무릎 재활 치료를 목적으로 수영을 시작했는데 92세에 세계 마스터즈 수영 선수권 대회에 출전해 금메달을 목에 걸었다고 해. 영국의 작가 C.S 루이스는 '또 다른 목표나 새로운 꿈을 꾸기에 너무 늦은 나이란 없다'란 말을 했어. 내가 무슨 말을 할지 알지? 너의 부단한 열정과 끈기를 믿는단다. 행복한 도전은 아직도 진행형이라구.

"영원히 살 것처럼 꿈을 꾸고 내일 죽을 것처럼 오늘을 살자 (Dream as if you'll live forever, Live as if you'll die tomorrow)"라는 제임스 딘의 말은 꿈을 최대한 멀리 보고 하루하루가 인생의 마지막 날인 것처럼 순간순간 즐겁고 행복하게 살라는 의미라고 생각해. 내일 죽는다고 생각하면 오늘이 얼마나 소중하겠어.

참, 사람들이 죽기 전에 후회하는 것 다섯 가지를 알아?
첫 번째가 자신에게 진실하지 않고 다른 사람들이 나에게 기대하는 모습으로 살았던 점,
두 번째가 일을 너무 열심히 했던 점,
세 번째가 감정을 용기 있게 표현하지 못했던 점,
네 번째가 친구들을 자주 만나지 못했던 점,
다섯 번째가 좀 더 행복하게 살지 못했던 점이래.

어찌 보면 나도 거기에 다 해당하는 것 같아. 하지만 이제라도 늦지 않았어. 지금부터라도 위에 나열한 것을 후회하지 않도

록 노력하면서 살았으면 해. 남들이 나를 보면 너무 힘들게 산다고 생각할지도 몰라. 하지만 나는 힘든 줄 모르고 당연하게 여기며 살았어. 무슨 일이든 열정과 끈기를 가지고 사는 것이, 내 평생 했던 일이니 그리 힘들게 느끼지는 않아. 그렇게 해야 나는 살아 움직이는 것 같아.

나는 가끔 40년 후의 내 모습을 상상하곤 해. 그때는 지금보다 훨씬 홀가분하게 세상을 살겠지. 새털이 되었을지도 몰라. 아니면, 이미 이 세상에서 없어졌거나. 그래도 나는 이렇게 살아왔음이, 그리고 이렇게 살아갈 수 있어서 행복했어. 늘 나의 건강과 나의 꿈을 잘 지원하면서 말이야.

오늘 인천대교 너머로 지는 멋진 노을이 참 아름답네.

내일 또 다른 태양을 기다릴 거야.

그럼 안녕.

이제 온전히 푸른 해양경찰 제복의 나를 떠나보낼 수 있을 것 같다. 순간순간 소중하지 않은 시간이 없었다. 다시 내 삶을 살라고 해도 더 이상 잘 살 수 없을 만큼 최선을 다하며 보낸 시간이었다. 어딜 가든 빛나는 바다와 함께했다.

국가와 국민을 위해 봉사하고 싶다고 면접관에게 대답했던 때부터 퇴임하는 마지막 순간까지 자랑스러운 해양경찰관이었다는 것이 감사하다. 국민을 위해 봉사한다는 것이 얼마나 멋진 일인가! 해도 뜨지 않은 새벽에 출근해 푸른 제복으로 갈아입으며 얼마나 가슴이 뜨거웠던가! 힘든 줄 모르고 보낸 소중한 시간들. 때론 누나처럼, 때론 어머니처럼 다가가려고 노력했던 시간들. 노력은 배신하지 않는다는 말을 믿었다. 아무나 할 수 없는 그 일을 잘 마치고 이제 자연인으로 돌아왔다.

힘들고 행복했던 시간을 함께한 모든 분께 감사의 인사를 드린다. 순경으로 들어와 총경으로 승진해서 퇴임할 때까지 유리천장을 열심히 깰 수 있도록 도와주신 분께도 감사를 드린다. 그리고 업무 특성상 구체적으로 많은 이야기를 담지 못한 것에 대하여 아쉬움이 남는다.

　새로운 일을 시작했다. '화만세'로 이름 붙여진 독서 모임. 매주 화요일 새벽 5시 30분에 만나는 세상이다. 책에서 나는 무엇을 얻을 것이며 무엇을 깨달을 것인가? 생각만 해도 벅차다. 내가 살 세상은 아직도 미지의 세계이다. 가슴이 설렌다. 내가 만난 사람에게 가슴이 따뜻한 사람으로 영원히 기억되고 싶다. 이제 또 다른 세상이다.

　마지막까지 자만하지 않고 겸손하게 행복한 도전으로 마무리하고 싶다. 그리고 이 책을 읽으면서 단 한 사람이라도 희망을 가지고 다시 시작하는 사람이 있다면 커다란 보람이 될 것이다.

**송도 달빛 공원에서 박경순 쓰다**

1호 여성 해양경찰의

# 행복한 도전

| 초판 1쇄 | 2023년 06월 01일 |
| 2쇄 | 2023년 08월 10일 |

| 지은이 | 박경순 |
| 발행인 | 김재홍 |
| 교정/교열 | 김혜린 |
| 마케팅 | 이연실 |
| 디자인 | 현유주 |

| 발행처 | 도서출판지식공감 |
| 등록번호 | 제2019-000164호 |
| 주소 | 서울특별시 영등포구 경인로82길 3-4 센터플러스 1117호{문래동1가} |
| 전화 | 02-3141-2700 |
| 팩스 | 02-322-3089 |
| 홈페이지 | www.bookdaum.com |
| 이메일 | jisikwon@naver.com |

| 가격 | 15,000원 |
| ISBN | 979-11-5622-795-3   03190 |